Der Kampf um das Sozialistengesetz 1878

Von

Ferdinand Tönnies
Prof. Dr. ph., Dr. jur. h. c., Dr. rer. pol. h. c.

Berlin
Verlag von Julius Springer
1929

ISBN-13: 978-3-642-94118-4 e-ISBN-13: 978-3-642-94518-2
DOI: 10.1007/978-3-642-94518-2

Dem Andenken meines Freundes

Professor Dr. Karl Vorländer

Mitglied des Preußischen Staatsrats

† 6. Dezember 1928

Inhaltsverzeichnis.

Vorrede.

Wer heute im vorgeschrittenen Lebensalter auf seine Erlebnisse zurückschaut und seiner damaligen Urteile über das, was er erlebte, sich erinnert, genießt einen Vorzug, den kein Lesen und kein Hören von dem Geschehenen voll ersetzen kann. Er ist nicht nur ein Zeuge der Hoffnungen und Befürchtungen, der Irrtümer und Enttäuschungen, an denen er selber etwa teilgenommen hat, sondern auch, wenn er ihnen fernblieb und zweifelnd gegenüberstand, meint er doch, sie besser zu kennen und zu verstehen als der junge Mensch, der sich davon erzählen läßt und niemals in derselben „Welt" gelebt hat. Diese Betrachtung wird nahegelegt durch das Gedenken der gesamten Bismarckschen Ära und besonders des Versuches der für sie charakteristisch war, die damals noch schwache sozialistisch-demokratische Volksbewegung totzuschlagen und ihre Keime zu vertilgen. Ich habe damals schon diese Gesetzgebung für ungerecht gehalten, nicht allein ihrem offenbaren Charakter nach, sondern weil auch der Grund für sie, der in der öffentlichen Meinung vorwaltete, ein unwahrer Grund und bei den Wissenden — den eigentlichen Urhebern — nichts als ein schlechter Vorwand war. Denn in Wahrheit hatte die Partei der Erregung von Aufruhr, geschweige denn wirklicher gewaltsamer und ungesetzlicher Handlungen — die an jedem Mitgliede nach dem Strafgesetzbuch hätten verfolgt werden müssen — sich nicht schuldig gemacht, wie vielen Anstöß man auch mit gutem Grunde an manchen ihrer Äußerungen in Wort und Schrift nehmen mochte. Andere nehmen an anderem Anstoß und Gegner immer an fast allem, was der Gegner sagt. — Bei unbefangener sittlicher Würdigung muß man dem Eifer, der Erbitterung, vollends dem Enthusiasmus und Idealismus, Motiven, die in jener Partei niemals gefehlt haben, vieles zugute halten, und vor allem setzt das Studium und die Kenntnis der Tatsachen das meiste in ein milderes Licht. Dies gilt für die damaligen Äußerungen feindlicher Denkungsart und Stimmung, wie es heute den viel leidenschaftlicheren Äußerungen der Wut zugute kommen mag, mit der die Feinde der gegenwärtigen Staatsform und des Aufstiegs der Arbeiterklasse ihre trüben Gesinnungen zur Geltung zu bringen pflegen. Unter den jugendlichen Eiferern dieser Art wird vielleicht der eine oder andere aus den Mitteilungen, die in der vorliegenden Schrift enthalten sind, etwas zu lernen geneigt sein, was seine Gefühle ein wenig zu dämpfen geeignet sein mag. — Daß diese Gesetzgebung ungerecht war, sahen freilich viele (es lag auf der Hand); daß sie auch unnütz sein werde, ja wider ihre eigenen Absichten wirken werde, sahen nur wenige voraus: man findet aber die eine wie die andere Erkenntnis in der Minderheit des Reichstages angedeutet, sogar in der Mehrheit vertreten, wie diese Denkschrift zeigen wird.

Wir haben hier einen merkwürdigen und bedeutenden Fall der Verfolgung und Unterdrückung aus politischen Beweggründen vor uns. Er ist nicht vergleichbar mit fremdherrschaftlicher Verfolgung und Unterdrückung, die bekanntlich vorzugsweise gegen die Sprache des Volkes gerichtet zu sein pflegt, oft auch gegen besondere Sitten und Gebräuche, gegen Symbole, Lieder, Feste. Innerhalb eines Gemeinwesens, das sich selber beherrscht oder doch von seinen eigenen Landsleuten beherrscht wird, ist die große Analogie nur die der *religiösen* Verfolgung, die immer ihrer äußeren Erscheinung nach abweichende Meinungen, mangelnde oder ungenügende Unterordnung unter ein herrschendes System von Lehren, und eine religiöse Gemeinschaft, die ein solches System als das richtige behauptet treffen will — ihrem Kerne nach ist sie aber zumeist auch sozialer und politischer Art, weil diese Nichtanpassung, dieser Ungehorsam als Auflehnung und Empörung gegen die Götter, mithin auch gegen die herrschenden Gewalten, die in ihrem Namen zu herrschen meinen, verstanden wird. Ein Rest von dieser Verfolgung andersgerichteter Denkungsart ist auch in der uns hier vorliegenden politischen Verfolgung geblieben: die sich sonst bis aufs Blut bekämpfenden Bekenntnisse und religiösen Richtungen waren in diesem Falle darüber einig, die philosophische und freigeistige Denkungsart als Atheismus oder Materialismus zu verdammen. Aber die Rollen haben sich verschoben. Die alte Kirche, die bis ins 16. Jahrhundert hinein die abendländische Gesittung durchdrungen hatte und als solche in der Verfolgung ihre grandiose Praxis besaß, verachtete in diesem

Falle die groben politischen Mittel, die gleichzeitig noch von der preußischen Regierung gegen sie selber angewandt wurden, während die moderner gebildeten und gesonnenen Protestanten, die zum Kulturkampf die Trompete geblasen hatten, nunmehr auch zum Kampfe gegen das religiöse, *weil* gegen soziales und politisches Freidenkertum, die Trommel rührten: in einem wie im anderen Falle mit Verleugnung ihres jüngst erst erfolgreich gewordenen Liberalismus, von dem nur das kapitalistische Ingrediens übrigblieb; während schon damals, was von Liberalismus sich erhalten wollte und den demokratischen Grundsätzen sich näherte, obgleich es an der Bejahung des Kulturkampfes teilgenommen hatte, nunmehr ein entschlossenes Nein in die Wagschale warf. Mit dem gänzlichen Mißerfolg, wozu in diesem Falle die Verfolgung geführt hat, ist es interessant, viele andere historische Fälle religiöser und politischer Verfolgung zu vergleichen: der Mißerfolg ist die Regel, von den Verfolgungen der Christen an zu denen der Ketzer und dem gegenseitigen zwischen ganzen Religionssystemen und Kirchen — bis endlich der Grundsatz der Toleranz siegreich wurde, die heute in der Regel auch den offenen Bekennern des Unglaubens und der wissenschaftlichen Denkungsart von Staats wegen nicht verweigert wird, wenngleich mittelbare Zurückstellungen und Schädigungen von Dissidenten auch den gewesenen monarchischen Regierungen in Deutschland und Österreich durchaus nicht fremd waren und auch in Großbritannien heute noch in manchen Resten fortleben; mehr aber noch wird dort wie hier die *gesellschaftliche* Ächtung oder wenigstens Geringschätzung solcher oft erneuert. Die politische Verfolgung ist in weitestem Umfange gegen den Liberalismus geübt worden und hat die letzten Jahrhunderte mit vielem Getöse erfüllt. Sie geschah hauptsächlich von seiten der monarchischen unumschränkten Regierungen mit Hilfe ihrer vordem widerspenstigen, nunmehr bezwungenen und konservativ gewordenen Vasallen gegen die als gemeingefährlich verklagten Bestrebungen der bürgerlichen Klasse, die dahin gingen, jene unumschränkte Regierung zu beschränken, teils um grundsätzlich ihr Bereich zu vermindern, teils um selber an der Regierung teilzunehmen und dem Einfluß des Adels entgegenzuwirken. In Deutschland waren diese Tendenzen schon vorhanden vor der Revolution des Nachbarlandes, wurden durch diese zuerst gewaltig ermutigt, dann zurückgeschlagen, in der Fremdherrschaft erstickt, mit der Befreiung verleugnet und unterdrückt, langsam und im Rahmen der politisch-nationalen Bewegung, der alle konservativen Potenzen feindlich waren, wiederauflebend, vorübergehend revolutionär gestaltet, nach einer schwachen revolutionären Episode von neuem geknebelt, endlich durch eine gewaltsame Umgestaltung der staatlichen Ordnung in begrenzter Weise siegreich geworden; eben dadurch einem zwar nicht vollkommenen *Cäsarismus* die Wege bahnend — so war die Lage, als unter diesem Cäsarismus die ehemals so bitteren Feinde, die konservative und liberale Partei nebst der freikonservativen, in der sogar ihre Namen sich verbunden hatten, die aber dem Cäsarismus am nächsten stand, nunmehr einmütig entschlossen waren, die neue und paradoxe Partei — die das anfocht, was ihnen mehr und mehr das Heiligste geworden war, das freie und große Privateigentum — nicht nur zu bekämpfen, sondern zu vertilgen: einheitlich gestimmt die Partei der Reichen gegen die Partei der Armen — denn wenn von allem Beiwerk, allem Widerwillen des ethischen und des ästhetischen Geschmackes abgesehen wird, so kommt es darauf hinaus: es waren die Ansprüche, war die Empörung des beschränkten und unzufriedenen Einkommens der schaffenden Arbeit gegen das eben zu unbegrenzten Mengen anschwellende zum größtenteil arbeitlose Einkommen des geschäftlichen Gewinnes und der Rente: diese Ansprüche meinten, auf die unerschütterlichen Grundsätze der bestehenden Gesellschafts-, also Eigentumsordnung gestützt, die Volksvertreter im deutschen Reichstage in ihre Nichtigkeit und in ihr Unrecht zurückzuwerfen, als sie in großer Mehrheit dem cäsarischen Gesetz gegen die gemeingefährlichen Bestrebungen der Sozialdemokratie ihre Zustimmung gaben[1]. Sie waren vermutlich im guten Glauben, die Gesittung selber zu verteidigen, die in ihrem Bewußtsein mit den bestehenden Verhältnissen der Einkommen unlösbar ver-

[1] Es ist nicht ohne Bedeutung wahrzunehmen, daß unter den 221 Mitgliedern des Reichstages, die am 19. Okt. 1878 mit Ja votierten, 98 Herren mit adligen Namen = 44 vH sich befanden, und unter diesen 34 = 34 vH Titulierte (vom Freiherrn bis zum Herzog), während in der Minderheit 58 Adlige von 149 = 39 vH, aber unter ihnen 35 = 61 vH Titulierte sich befanden. — Die große Zahl der adligen Großgrundbesitzer, die sich durch ihre Inspektoren und Tagelöhner in den Reichstag wählen ließen, erklärt sich aus der Einteilung der Wahlkreise, die in hohem Grade zugunsten der dünnbevölkerten Gebiete war und blieb. In den Lehrkörpern der Universitäten sind die adligen Namen mit etwa 4 vH vertreten.

knüpft war, und die Religion zu schützen, unter der jeder etwas anderes, zum großen Teil entgegengesetztes verstand. Der Weltkrieg und seine Folgen haben mehr als eine sozialistische Schrift oder Rede es je vermochte, die Zuversicht dieses Glaubens gleich einer Sturmflut unterwühlt. Die heutigen kleinen und mannigfachen sozialen Parteien, deren Wähler noch in solcher Zuversicht aufgewachsen und erzogen wurden, sind nur darin einig, daß sie versuchen wollen, aus den Trümmern der klein- und mittelbürgerlichen Vermögen einen Anteil oder eine Aussicht auf Wiederherstellung zu gewinnen. Die Kluft zwischen den Eigentümern des nationalen Bodens und der anderen nationalen Produktionsmittel — mit Einschluß der städtischen Hauseigentümer — und der um das zehnfache größeren Menge derer, die da wissen, daß sie und ihre Kinder mit wenigen Ausnahmen immer auf den Anteil an der Gesamtmenge des nationalen Arbeitsproduktes angewiesen sein werden, den ihnen die Herren der Produktion und des Mehrwertes zubilligen werden — diese Kluft, vor 50 Jahren in Deutschland noch verhältnismäßig schmal und im Bewußtsein der Beteiligten gering, hat sich ins Unermeßliche erweitert und zugleich tief ins allgemeine Bewußtsein gesenkt. Sie wird nur noch bedeckt durch die verbindende und allgemeine Erkenntnis des gemeinsamen vaterländischen Interesses gegen die Politiker des Auslandes, die als Sieger das Zerrbild eines Staatsvertrages entworfen haben, an dessen Wirkungen sie selber kranken. Die Folgen dieses entstandenen Zustandes lassen sich auch heute, nach zehn Jahren, nur im Zwielicht voraussehen. Wie in den meisten Prognosen werden hier eine düstere und eine freundlichere Ansicht miteinander streiten. Nur erfreuend und außerordentlich wichtig kann aber die Tatsache wirken, daß die Anhänger der SPD., das ist die große Mehrzahl der Klasse, die sich selber das Proletariat nennt, heute treu und stark zum Staate und zum schwarz-rot-goldenen Reichsbanner der neuen Republik stehen. Durch den raschen Umtrieb des heutigen Menschenlebens, der bis in die entferntesten Winkel aller Länder wirkt, hat in diesen 50 Jahren eine wirtschaftlich-soziale Entwicklung auch im Deutschen Reiche stattgefunden, deren Umfang und Tragweite wir damals nicht von ferne ahnen konnten. Nur andeuten will ich die technischen Neuerungen und Vermehrungen, die uns schon so gewohnt wurden und der jüngsten Generation so natürlich scheinen, daß es fast wie etwas Unglaubliches wirkt, wenn man der Zeit sich erinnert, da noch nichts von ihnen vorhanden war: man darf sagen, diese Vergangenheit muß auf die Heutigen wirken, wie auf uns damals die in der Erinnerung alter Leute noch lebendige Vergangenheit ohne Eisenbahnen, ohne Dampfboote, ohne Telegraphendrähte und die Zeit, als mechanische Spinnerei und Weberei, vollends Dampfhämmer und Werkzeugmaschinen nur in schwachen Anfängen oder gar nicht vorhanden waren. Hinweisen möchte ich nur auf die einfachen Tatsachen: 1. daß 1878 noch etwa drei Fünftel der Volksmenge im Reiche Landbewohner, d. h. (nach der Terminologie der Reichsstatistik) Bewohner von Plätzen mit unter 2000 Einwohnern waren, 1910 aber nur zwei Fünftel, daß also das Verhältnis in dieser Zeit sich genau umgekehrt hatte, und der Fortschritt der Städtebevölkerung nahm bis 1914 ferner zu; 2. daß damals etwa 6,5 in Großstädten lebten, 1914 etwa 22 vH, wobei noch abgesehen ist von den Vorortbewohnern der Großstädte (soweit sie nicht in Vororten von mehr als 100000 Einwohnern lebten), z. B. in Steglitz-Friedenau und andere.

Im Jahre 1878 gab es nicht viele Politiker unter Ministern oder Volksvertretern, die diese Entwicklungstendenzen in ihrem Zusammenhang mit der Arbeiterbewegung klar erkannten; noch geringer war die Zahl derer, die da sahen, daß die Sozialdemokratie eine verhältnismäßig gemäßigte und besonnene, auf die elementareren Bewegungen, als wilde Streiks und anarchistische Komplotte, wie sie eben damals in Belgien, Spanien, auch in Amerika zum Ausbruch kamen, dämpfend und hemmend wirkende Arbeiterpartei immer gewesen ist. Schon der regelmäßige Verlauf großer Ausstände in den Vereinigten Staaten, wo es kaum ohne Blutvergießen abging, hätte füglich daran gemahnen sollen. Der Blick war gebannt durch das, was unmittelbar in die Augen fiel und nicht angenehm war. Der Bürger las sehr selten eine sozialdemokratische Zeitung, besuchte auch kaum je die Versammlungen der Partei; wenn er aber einmal in seiner eigenen Zeitung eine heftige Auslassung abgedruckt fand, so war er entsetzt und empört. Dennoch machte die Wirkung des Tatsächlichen insofern sich geltend, als der eminente Fortschritt der Partei unter und nach dem Ausnahmegesetz in Wählerziffern und folglich der Zahl der Abgeordneten — Wählerstimmen 1884—1890 (in Tausenden) 550,0 auf 1427,3, dann bis 1912 auf 4250,4 angeschwollen, Abgeordnete von 24 auf 35, dann auf 110 vermehrt — niemals wieder eine so große Aufregung, aus Furcht und Entrüstung gemischt, hervorgerufen hat wie das bescheidene Ergebnis von 1877 mit 493,3 Tausend gegen 352,0 Tausend der 1874er Wahl; damals fand das tieferschütterte bürgerliche Bewußtsein Beruhigung nur in der angenehmen Vorstellung, daß nun endlich der Höhepunkt erreicht sei und der Rückgang beginne; welche Vorstellung dann durch das Gesetz von 1878 eine wohltuende Stärkung erfuhr.

Ein ganz neues Bild aber finden wir im Jahre 1914. Wenn man schon in Ratsversammlungen des Reiches und der Einzelstaaten, auch in den Stadtparlamenten, allmählich sich gewöhnt hatte, zu gewahren, daß die Sozialdemokraten sozusagen auch Menschen, und zwar zum großen Teile recht vernünftige Menschen waren, so mußte man nun gestehen, daß sie auch als gute Patrioten sich benahmen: sie wurden Gegenstand hoher Achtung und Beachtung, die endlich sogar Aufnahme in die — noch kaiserliche — Reichsregierung zur Folge hatten. Es bedeutete eine vollkommene Verleugnung des Geistes, der 1878 bis 1890 schonungslos gewaltet und noch später in großen Umsturzvorlagen sich geäußert hatte — eine Verleugnung, die den ehemaligen Verfolgern etwas, weit mehr aber den ehemaligen Verfolgten zur Ehre gereichte. Freilich hatte bald eine Minderheit (unter den Abgeordneten und folglich ihren Anhängern im Lande) sich abgesondert, weil sie mit Recht urteilte, daß der Krieg immer weniger Chancen des Erfolges darbot, also zu lange seine verheerenden Wirkungen übte und den endlichen Verlust um so furchtbarer machte, während sie mit Unrecht ihre Ansicht dahin verschob, daß nicht der Zarismus und Panslawismus, unterstützt durch chauvinistisches Trachten nach Revanche und durch britische Furcht vor der deutschen Großindustrie und Seemacht, sondern der Wilhelminismus und alldeutsche Imperialismus (der tatsächlich geringen Einfluß hatte) die unmittelbare Schuld am Ausbruch des für Deutschland so verhängnisvollen Weltkrieges trage[1]. Es war und ist ein Irrtum,

[1]) Vgl. des Verfassers „Die Schuldfrage, Rußlands Urheberschaft nach Zeugnissen aus d. J. 1914" 2. Aufl. (3. u. 4. Tausend) Berlin, Georg Stilke 1919. Ferner „Der Zarismus und seine Bundesgenossen 1914", Berlin 1922, nach dem damals zugänglichen amtlichen Material; neuerdings A. v. Wegerer, Die Widerlegung der Versailler Kriegsschuldthese, Berlin 1928, auf Grund des sehr vermehrten Materials.

der mehr und mehr auch der planmäßig betrogenen Weltmeinung als solcher sich enthüllt. Die sozialdemokratische Partei in ihrer Gesamtheit oder Mehrheit hat ihn, ungeachtet ihrer feindseligen Einstellung gegen den Imperialismus, niemals geteilt.

Heute nimmt sie an der Aufgabe teil, um der Wahrheit willen, die damalige Regierung trotz ihrer schweren Fehler zu verteidigen, sie, die als Schildträger des heutigen republikanischen Staates und Mitstreiter unter dem schwarz-rot-goldenen Reichsbanner ihren neuen Platz behauptet und behaupten wird.

Kiel, den 1. Dezember 1928.

I. Der Zustand.

Etwa zwei Jahre lang hatte mit einem gewaltigen Aufschwung des wirtschaftlichen Lebens, der in zahllosen Neugründungen industrieller Werke und schwindelerregenden Kurshöhen der Wertpapiere sich kundgab, zugleich eine Jubelstimmung der Bewohner des neuen Deutschen Reiches sich bemächtigt: sie trat freilich bei der protestantischen Mehrheit und auch im Judentum, das noch unangefochten, auch politisch-patriotisch sich geltend machen durfte, weit mehr als unter den Katholiken zutage; zumal in Preußen, wo schon die Maigesetzgebung sich geregt hatte. Sie war — man darf das wohl als eine Ausnahme bezeichnen — bei den Menschen in gereiftem und vorgerücktem Lebensalter stärker als bei der Jugend: jene glaubten die Erfüllung ihres Jugendtraumes zu schauen, ein einiges und wie manche hinzuzufügen wagten, freies Deutschland.

Nicht nur der sogenannte Kulturkampf, weit mehr die große wirtschaftliche Krisis, die schon um die Mitte des Jahrzehntes, nachdem im Mai 1873 der Wiener Börsenkrach sie angekündigt hatte, deutlicher in die Erscheinung trat, fielen als trübe Schatten in diese Hochgefühle, an denen doch auch ein nicht geringer Teil der Arbeiterklasse, wenn auch weniger lebhaften, Anteil genommen hatte. Es war ein seltsames Zusammentreffen gewesen, daß Ferdinand Lassalle, der die lange schlummernde Arbeiterbewegung erweckt und beflügelt hatte, in dem Jahre gestorben war, das für die deutsche Frage epochemachend wurde. Aber im Geiste ihres Propheten gingen die Lassalleaner einig mit der historischen Lösung dieser Frage im Sinne der preußischen Hegemonie, während Wilhelm Liebknecht unter dem Einfluß von Karl Marx, wenn auch nicht in dessen Geiste, das demokratische Prinzip zu wahren meinte durch eine partikularistische Opposition, die ihn mit den Resten des süddeutschen und des sächsischen kleinbürgerlichen Demokratismus verband. Das Jahr 1875 bedeutete den Endsieg der Lassalleaner, die aber durch ihr

Aufgehen in der Gesamtpartei alsbald in eine prinzipiellere und heftigere Opposition gegen das BISMARCKsche Regiment sich gedrängt fühlten. Die Zahl der Stimmen, die bei der ersten Reichstagswahl 1871 auf die getrennten Sozialdemokraten fielen, war noch recht gering gewesen — 3 vH der gültigen Stimmen. Das Anwachsen bei der zweiten Wahl erregte Bestürzung, obgleich die 352000 auch jetzt noch keine 7 vH ausmachten und die Zentrumstimmen gleichzeitig ebenfalls sich mehr als verdoppelt hatten, während die damaligen drei konservativen Parteien von 1170 auf 789 Tausend zurückgingen[1]. Im selben Jahre geschah das Attentat eines katholischen Handwerksgesellen auf den Fürsten BISMARCK. Der Kulturkampf stand in Blüte, die Ultramontanen wurden täglich in der Norddeutschen Allgemeinen Zeitung als „Reichsfeinde“ angeklagt. Im folgenden Jahre fand die Vereinigung der beiden sozialdemokratischen Parteien auf das Gothaer Programm hin statt. Wohl infolge dieser Fusion brachten die ordentlichen Wahlen von 1877 (es gab damals noch die dreijährige Legislaturperiode) eine neue Vermehrung der sozialdemokratischen Stimmen, die keineswegs so bedeutend war (von 352000 auf 493000), daß sie als Ausdruck des mächtig angewachsenen Elends der Arbeiterklasse hätte dienen können. Aber die soziale Frage drängte sich in den Vordergrund des öffentlichen Bewußtseins. Schon im Jahre 1876 sollte eine Novelle zum Strafgesetzbuch die Partei ersticken, sie scheiterte noch an einem Reste des zuvor so lebendigen Liberalismus. Es trat dann die Politik der Nadelstiche ins Leben: polizeiliche Schikanen und gerichtliche Verfolgungen häuften sich in den Großstädten, die an der Vermehrung der Stimmen den Hauptanteil aufwiesen (so daß sie in Berlin und Hamburg schon ca. 40 vH gegenüber einem Mittel von 9 vH der gültigen Stimmen aufwiesen). Die kapitalistischen Zeitungen glaubten mehr und mehr einen *Rückgang* der Bewegung zu bemerken und wußten das bürgerliche Bewußtsein zu beschwichtigen. Da kam das Jahr 1878. Es brachte BISMARCK in seinem Walten als erfolgreichster Politiker Europas auf einen neuen Höhepunkt seines Glanzes und Ruhmes.

---

[1] Ich erinnere mich einer großen Studentenversammlung in Leipzig — es war eine Art von Debattierklub, den der nationalliberale Professor BIEDERMANN leitete — wo die Aufregung über diese Ergebnisse in heftigen Reden sich Luft machte (1874).

In der Innenpolitik wurde zu gleicher Zeit ein großer Umschwung vorbereitet. Der Minister des Kulturkampfes war noch nicht gewichen, eine lebhafte Agitation der Großindustrie, die das Ende der deutschen Eisen- und Stahlproduktion weissagte, wenn die bisherige Freihandelsrichtung des Zollvereins fortgesetzt würde, wandte sich gegen die Manchesterlehre, deren Schäden man in bezug auf die Handelspolitik um so stärker hervorhob, je weniger man sie in bezug auf die Arbeiterfrage gelten ließ. Schon mehrere Jahre vorher hatte eine Schrift des schlesischen Rittergutsbesitzers und Abgeordneten von Kardorff, die betitelt war „Gegen den Strom", für die Schutzzöllner Reveille geblasen. Der Reichskanzler wurde hauptsächlich durch eigene Erfahrungen an seinen ökonomischen Interessen für die protektionistische Handelspolitik gewonnen. Parlamentarisch aber konnte diese nur mit Hilfe der Zentrumspartei, die durch den Kulturkampf tief verbittert war, durchgesetzt werden. Es galt also, um der Zölle willen, „die Waffen auf dem Fechtboden niederzulegen", das hieß die Nutz- und Erfolglosigkeit der Kulturkampfpolitik offen zu bekennen.

Da geschahen kurz nacheinander die zwei Attentate. Es darf als eine unzweifelhafte historische Tatsache bezeichnet werden, daß in keiner dieser sinnlosen Taten die Sozialdemokratie ihre Hand hatte. Der erste Verbrecher war einige Zeit vorher von der Partei ausgeschlossen und hatte sich der neuen Bewegung des Hofpredigers Stöcker angeschlossen, während er gleichzeitig den Anarchisten spielte und sonst ein ganz gewöhnlicher Taugenichts war. Der andere, ein junger Mann, der den Doktortitel besaß, ist ohne Zweifel ein geisteskranker Mensch gewesen. Er entzog sich durch Selbsttötung dem Gerichte. Von der Aufregung, die durch dies zweite Attentat hervorgerufen wurde, macht sich schwerlich eine Vorstellung, wer sie nicht erlebt hat. Bei der geringen Kenntnis, die auch unter den Gebildeten über den wahren Charakter der Arbeiterbewegung vorhanden war; bei dem schweren Anstoß, den oft Auszüge aus sozialdemokratischen Schriften durch ihre heftige und nicht selten unfeine, patriotische Gefühle absichtlich kränkende Sprache erregten, war es nur zu begreiflich, daß ein Bürgertum, eben sich eines mächtig fortschreitenden Wohlstandes, ja Reichtums, erfreuend, um so mehr vor dem Umsturz zitternd, nunmehr fürchtete und glaubte, die Stunde habe geschlagen, wo die Partei, die sich selber eine revolutionäre Partei nannte, von

Worten zu Taten schreite. Welch ein Schlag der bittersten Enttäuschung nach dem Jubel, mit dem man „Barbarossas Erwachen“, die Errichtung des neuen Reiches, begrüßt hatte! Schwer genug war schon die Krise durch ständigen Rückgang der Börsenkurse, durch viele Bankerotte, durch außerordentliche Zunahme der Vagabundage und Bettelei, die man bisher und noch oft der Arbeitsscheu und Faulheit der Arbeiter zuschrieb, obschon die massenhaften Arbeiterentlassungen der Fabriken und Bergwerke zum Himmel schrien — und nun schien „das arme irregeführte Volk“ zum Bürgerkriege sich zu rüsten... Wir mögen heute über die kindliche Einfalt dieser Vorstellungen lächeln. Auch damals lächelten manche. Aber es bekam ihnen schlecht; denn es erregte den Verdacht der Sympathie mit einer verabscheuten Sache, wohl gar der Mitwisserschaft von geheimen Verschwörungen und Gesellschaften — es erhob sich ein Sturm der Wut und Entrüstung, der den Widerstand brach, den noch gegen den ersten Entwurf des Ausnahmegesetzes der damals sogar unter den Nationalliberalen noch nicht ganz erstorbene Liberalismus geleistet hatte.

II. Entwurf und Begründung: ein Strafprozeß.

In der Begründung des Gesetzes, das (unter geringen Abänderungen) am 19. Oktober 1878 in Kraft trat, heißt es: ein abermaliger Mordversuch gegen Seine Majestät den Kaiser habe von neuem gezeigt, wie leicht jene (sie war vorher geschildert worden) jedes sittliche und rechtliche Gebot verachtende Gesinnung bis zu mörderischen Taten sich zu steigern vermöge und durch zahlreiche Fälle von Majestätsbeleidigungen, die sich an das erschütternde Ereignis knüpften, sei der Beweis (!) geliefert, wie weit solche Gesinnung bereits um sich gegriffen habe. „Die Verbündeten Regierungen sind dadurch in der Überzeugung bestärkt worden, daß es zum Schutze von Staat und Gesellschaft unerläßlich sei, der verderblichen Agitation der Sozialdemokratie Einhalt zu tun, welche als die Hauptursache der zutage getretenen Verwirrung der Rechtsbegriffe und Verwilderung der Gemüter angesehen werden muß.“

Die erste Beratung des Gesetzentwurfs fand am 16. und 17. September 1878 statt. Die Einführung geschah durch den Stellvertreter des Reichskanzlers Grafen zu Stolberg-Wernige-

RODE in wenigen Sätzen. Er sagte unter anderem, wenn der Staat solche wirksamen und scharfen Mittel in Anwendung bringe, so handele er nicht allein im Interesse seiner Selbsterhaltung, sondern zugleich im Interesse der Bevölkerung selbst, namentlich der arbeitenden Bevölkerung, die jetzt vor allen den Verführungen der sozialdemokratischen Bewegung ausgesetzt sei. Den Satz der Begründung, daß eine jedes rechtliche und sittliche Gebot verachtende Gesinnung im Volke vorhanden sei und den Mordversuchen zugrunde liege, war er ehrlich oder vornehm genug, *nicht* zu wiederholen.

Mit großer Spannung sah man der Diskussion des Gesetzentwurfes entgegen, die am 16. September ihren Anfang nahm, am folgenden Tage fortgesetzt wurde und mit Verweisung an eine Kommission von 21 Mitgliedern endete (in diese Kommission wurde kein Vertreter der angeklagten Partei hineingewählt), worauf dann die zweite und dritte Lesung vom 9.—16. Oktober folgte. In Wahrheit war es eine Debatte hohen Stiles: Anklage und Verhandlung — ein Kriminalprozeß.

a) Die Minister — Ankläger.

In der Mitte stand der Reichskanzler, mehr noch als durch Geist und Erkenntnis durch die Macht und den Machtzauber, der seine Gestalt umgab, allen anderen weit überlegen. Die zwei Hauptreden, die er zu halten für geboten erachtete, sind auf den gleichen Ton gestimmt. Er gab nicht nur zu — was ihm BEBEL in einer Übersicht über die Entwicklung der Bewegung und des Verhältnisses, namentlich der Preußischen Regierung dazu, entgegenhielt — mit LASSALLE verkehrt und verhandelt zu haben, sondern er strich dessen Persönlichkeit wiederholt in den stärksten Ausdrücken heraus. Er nannte ihn als Privatmann außerordentlich anziehend, einen der geistreichsten und liebenswürdigsten Menschen, mit denen er je verkehrt habe, ehrgeizig im großen Stil; von Verhandlungen aber habe nicht die Rede sein können, schon darum nicht, weil er, BISMARCK, bei den Unterredungen wenig zu Worte gekommen sei, vor allem weil LASSALLE *nichts hinter sich* gehabt habe. „Was hätte er mir bieten und geben können?“ Er wollte dann begründen, wann und warum er (BISMARCK) seine Bemühungen um soziale Verhältnisse aufgegeben habe. Da sei entscheidend gewesen der Tag, an dem BEBEL „in pathetischem Appell die französische Kommune als Vorbild politischer Einrichtung hinstellte und sich selbst offen vor dem Volke zum Evangelium dieser Mörder und Mordbrenner bekannte". Gleichwohl erklärte er in der zweiten Beratung, sobald als von sozialdemokratischer Seite irgendein positiver Vorschlag vorläge, wie sie in vernünftiger Weise die Zukunft gestalten wollten, um das Schicksal der Arbeiter zu verbessern, so werde er für seine Person einer wohlwollenden und entgegenkommenden Prüfung der Sache sich nicht entziehen, er werde auch vor dem Gedanken der Staatshilfe nicht zurückschrecken, um den Leuten zu helfen, die sich selbst helfen wollen. Tatsächlich stehe aber die reine *Negation* da, ohne daß jemand auch nur eine Andeutung gäbe, was anstatt des Daches, das uns jetzt decke, gebaut werden solle, wenn es niedergerissen sei; in den elf Jahren sei in den Reichstagsreden der Sozialdemokraten niemals auch nur der leiseste Schatten eines positiven Gedankens eines Vorschlags über das, was künftig werden solle, über die Gestaltung, über das Programm, das den Herren vorschwebe, nachdem sie das Bestehende in Bresche gelegt haben, zutage getreten. Der große Minister verlor sich dann, wie so oft, in Plaudereien, die nicht gerade tiefsinnig waren. Er äußerte sich sehr befriedigt darüber, daß an dem Hödel die Todesstrafe vollstreckt worden sei, endlich habe man ein Beispiel gesehen, daß die Obrigkeit das Schwert noch zu handhaben verstehe. Er wußte natürlich genau, daß nicht das Hödelsche Attentat, sondern das Nobilingsche dem Gesetzentwurf zugrunde lag; war doch der frühere Entwurf abgelehnt worden und hatte zur Auflösung des Reichstages geführt. Er berief sich aber schon in seiner ersten Rede auf einen Zeitungs-Artikel, worin einer der *russischen* Morde als eine gerechte Hinrichtung geschildert wurde; ebenso seien noch neuerdings die Gesetzgeber gewarnt worden — wovor? „Doch vor nichts anderem als vor dem nihilistischen Messer und der Nobilingschen Schrotflinte." Er sprach in diesem Zusammenhange von der möglichen Tyrannei einer Gesellschaft von Banditen. Die dringende Aufforderung, das Verlangen, das Bebel erhoben hatte, die Begründung der amtlichen Depesche zu erfahren, die da meldete (ich erinnere mich selber, welche ungeheure Wirkung gerade diese Depesche hatte), bei der späteren gerichtlichen Vernehmung habe der Attentäter Nobiling bekannt, daß er sozialistischen Tendenzen huldige, daß er auch wiederholt in Berlin sozialistischen Versammlungen beigewohnt, und daß er schon seit 8 Tagen die Absicht gehabt habe, S. M. den Kaiser zu erschießen, weil er es für das Staatswohl ersprießlich gehalten, das Staatsoberhaupt zu beseitigen — dies Verlangen erfüllte das Oberhaupt der Regierung nicht, er tat dieses Verlangens nicht einmal Erwähnung. Es wurde durch den Staatsminister Grafen zu Eulenburg in außerordentlich matter Weise durch die Erklärung erledigt, daß über die Möglichkeit oder Zulässigkeit, die Verhandlungen des Prozesses gegen Nobiling bekanntzugeben, die preußische Justizbehörde zu befinden haben würde, wenn die Vorlegung verlangt werde. Er dürfe nur so viel sagen, daß in der Tat eine Vernehmung Nobilings stattgefunden habe, und daß dieser, soviel ihm, dem Minister, davon bekannt geworden sei, ausgesagt habe, daß er an sozialdemokratischen Versammlungen teilgenommen und an den dort vorgetragenen Lehren Gefallen gefunden habe. Übrigens wolle er, Graf Eulenburg, so wenig wie im Mai (bei der Beratung des früheren Entwurfes) behaupten, daß diese Taten direkt von der Sozialdemokratie angestiftet seien; wohl aber behaupte er, daß die Lehren der Sozialdemokratie und die Art und Weise ihrer Verbreitung in einer leidenschaftlichen Agitation wohl geeignet wären, *in verwilderten Gemütern* solche traurigen Früchte zur Zeitigung zu bringen, wie man sie nun erlebt habe. Wenn eine solche Möglichkeit nicht bestreitbar war, so unterschied sich die Tonart des Fürsten Bismarck in schärfster Weise dadurch, daß sie ein unmittelbares Hervorgehen der Verbrechen aus der sozialdemokratischen Denkungsart einfach als eine Tatsache behandelte: wer die sozialistische Presse in den letzten Jahren verfolgt habe, der habe ja doch die Gewalttat, den Mord, den Königsmord, die Abschaffung des Königtums *zwischen den Zeilen* in so mancher Nummer durchblicken sehen. Der leitende Minister gestand damit zu, daß er einen Beweis für die wirkliche Schuld der Partei nicht habe, daß es ihm genügte, zwischen den Zeilen bedenkliche Anregungen zu lesen, um daraus eine Anklage zu folgern, die bestimmt war, viele Tausende von Volksgenossen, die noch vor wenigen Jahren an den schweren Kämpfen in Frankreich teilgenommen hatten, ihres täglichen Brotes zu berauben und ihnen ihre staatsbürgerlichen Rechte zu nehmen.

b) Die Konservativen — Ankläger.

Die ganze Debatte gibt uns ein lebendiges und merkwürdiges Bild der damaligen Verhältnisse der Parteien und damit zugleich des Maßes von Kenntnis und Verständnis der sozialen Frage, die bei den einzelnen Parteien anzutreffen war: das will sagen der Würdigung, die den Ansprüchen der immer zahlreicher gewordenen und werdenden und ohne Zweifel durch die Wechselwinde der Konjunktur am schwersten betroffenen Klasse, im Vergleich zu den gleichzeitig so stürmisch und rücksichtslos auftretenden Ansprüchen des industriellen und (mehr im Hintergrunde) auch des landwirtschaftlichen Kapitals, durch die erwählten Gesetzgeber zuteil wurde. Die unbedingten Vertreter des Ausnahmegesetzes waren natürlich die zwei konservativen Parteien: sie hatten ja schon dem ersten Entwurf nicht ohne eine gewisse Begeisterung zugestimmt. In ihrem Namen redete zuerst der Abg. VON HELLDORFF-Bebra. Er meinte, das Gesetz sei ein Präventivgesetz, das gegen die deutsche Abteilung der internationalen Kommunistenpartei gerichtet sei, an deren Wiege der unbefriedigte Ehrgeiz und der Haß der Demagogen gestanden habe; er widersprach der Absicht, die Geltung des Gesetzes auf kurze Zeit zu beschränken, das würde heißen eine Prämie auf geheime Agitationen setzen! Am nächsten Tage sprach der ehemalige (1848) Vorsitzende des sog. Junkerparlaments, VON KLEIST-RETZOW, der 1858 als Oberpräsident der Rheinprovinz abgesetzt wurde, weil sogar der nachmalige WILHELM I., als er die Regentschaft antrat, damals diese Richtung einzuschränken für geboten hielt. Der würdige Herr hielt auch bei dieser Gelegenheit eine recht charakteristische Rede: er leugnete, daß es sich um ein Parteigesetz oder Tendenzgesetz handele, zwar wisse man wohl, daß nicht die unmittelbare Anreizung und Aufforderung zum Königsmorde von der Partei ausgegangen sei — „allein die betreffenden Verbrecher haben getrunken von dem Taumelbecher der Sozialdemokratie, und davon berauscht sind sie zu derartigen Verbrechen fortgeschritten". Er wußte natürlich vollkommen, daß die Übel der Zeit teils (natürlich) in Materialismus und Unglauben, teils in dem „entsetzlichen Zivilstandsgesetz" (!), infolgedessen unser Volk aus 1000 Wunden blute, beruhten; ferner klagte er die Verheerung des Landes durch unzählige Schankstätten, durch obszöne Schriften und obszöne Bilder, durch lüsterne Tänze und lüsterne Gesänge „unter dem Vorwande der Volksbildung in den Tingeltangeln“, durch das humane Strafrecht, und als Folge aller dieser Dinge müsse die entsetzliche Zunahme der Verbrecher angesehen werden; er empfahl als bestes Heilmittel für Erwachsene wie für Buben die körperliche Züchtigung. Übrigens machte der Redner, sogar in den Augen mancher Nationalliberalen, der Aufreizung zum Klassenhaß selber sich schuldig, wenn er erklärte, es sei vielfach eine schwere Schädigung des Rechtsbewußtseins vorgekommen, „daß der kleine Dieb gehängt wurde und infolge der Gründungen der große nur mit dem Ärmel das Zuchthaus streifte“, wozu ein Bravo rechts ertönte. Ebenso wenn er die „wirklich furchtbare Kalamität im ganzen Lande“ beklagte, die Ausbeutung der Not im Wege des Wechselrechtes, „wo noch hinterher der Staat dem Vampir seinen starken Arm leiht, um das Blut seinem Opfer auszusaugen“. „Ebenso die Antragsvergehen und das leidige Recht der Reichen, sich loszukaufen, wo der Arme sitzen muß.“ Es sprach ferner von konservativer Seite unter anderen Freiherr von Minnigerode, der keinen Hehl daraus machte, daß er auch die Wahlagitation einschränken wollte und sich scharf gegen einen Antrag erklärte, der sich dahin bestimmte, den Wahlen einigen Schutz zu gewähren und zugleich eine zarte Andeutung machte, daß er das Reichstagswahlrecht „reformieren“ oder modifizieren wolle; er sagte nicht ausdrücklich: daß er es wolle.

c) Die Nationalliberalen — Ankläger.

Wenn nun jene Herren im Grunde nichts weiter bekundeten als was man wußte: daß sie, wenn es sich um ein reaktionäres Ausnahmegesetz handele, unbedingt der Regierung folgen wollten, so war um so mehr von entscheidender Bedeutung die Haltung der nationalliberalen Partei. Denn diese hatte bei der früheren Verhandlung, die am 23. Mai begann, den damals so genannten Gesetzentwurf „zur Abwehr sozialdemokratischer Ausschreitungen“ *abgelehnt* und dadurch erwiesen, daß sie noch nicht die Partei Bismarck *sans phrase* war, die sie bald nachher zu werden sich bemühte. In ihrem Namen sprachen damals (im Mai) drei Männer, die alle drei größere als Parteibedeutung hatten. Der erste war der berühmte Staatsrechtslehrer Gneist, der von seiner Partei sich trennte, indem er *für* den Entwurf sprach, sodann Lasker, der einem Gesetz seine Zustimmung verweigerte, das vielleicht schon wenige Wochen später, wenn die Erregung geschwunden sei, den heftigsten Tadel derjenigen, die es gefordert hatten, finden werde. Er zeigte sich hier, wie sonst oft, als jenem Idealismus huldigend, der leicht Illusionen verfällt, weil er sich leicht irre machen läßt. Am bedeutsamsten war aber die Rede des anerkannten Hauptes der damals noch ungebrochenen großen Partei (die Sezession erfolgte erst zwei Jahre später: 30. August 1880, Ursache Handelspolitik), RUDOLF VON BENNIGSEN, der mit allem Nachdruck erklärte, daß seine Partei den Boden des gemeinen Rechtes *nicht* verlassen wolle. Er bewies wie sonst politische Einsicht, indem er betonte, es sei ein schweres Verhängnis für Deutschland gewesen, daß, nachdem durch einen Krieg innerhalb Deutschlands — so nannte er den Bürgerkrieg von 1866 —, später durch die gewaltige Erhebung gegen Frankreich, unsere Verfassung und Rechtsordnung hatte neu geschaffen werden müssen, daß da unmittelbar, in Verbindung mit einem kolossalen Aufschwung der wirtschaftlichen Bewegung, in wenigen Jahren darauf ein ebenso tiefer und länger dauernder wirtschaftlicher *Verfall* folgte, und daß in derselben Zeit zum Anwachsen der sozialdemokratischen Bewegung auch der sog. Kulturkampf hinzugetreten sei. Ohne Schuld sei keine Partei, auch die seine nicht, und keineswegs die Organe der Regierung, die so oft behaupteten, alles, was die Sozialdemokratie verlange und tue, sei im Grunde nichts anderes als die Fortsetzung der Grundsätze der fortschrittlichen und liberalen Bewegung. Manchen Ausschreitungen könne man durch ein solches Gesetz mit Erfolg entgegentreten. „Aber, meine Herren, was Sie nicht können, das ist, daß Sie die Verbreitung der sozialdemokratischen Ideen hindern. Was öffentlich nicht agitiert werden kann, wird im geheimen um so wirksamer geschehen, alle öffentlichen Besprechungen und Wirkungen der Presse werden Sie ohnehin nicht verhindern können . . . die Erbitterung derjenigen Klassen, die Sie durch die Vorlage treffen, wird in außerordentlicher Weise eintreten.“ — Es war sicherlich recht peinlich für einen Mann, der auf den Charakter eines Staatsmannes nicht ohne Grund Anspruch machte, vier Monate später, in der Sitzung vom 10. Oktober 1878, geltend zu machen, das gegenwärtige Gesetz, auf dem Boden einer Spezialgesetzgebung stehend, unterscheide sich doch wesentlich von der Vorlage des Frühlings, und er mußte behaupten, daß der neue, viel schärfere Entwurf nicht die Bestrebungen der

Sozialdemokratie als solche verfolge, am allerwenigsten (!) eine bestimmte Klasse der Bevölkerung als solche treffe, sondern „anknüpfend an eine erkennbar gewordene große Gefahr, hervorgehend aus den sozialdemokratischen Agitationen überhaupt, will man diese Agitation treffen, sobald sie einen bestimmten Charakter hat und in der Art zutage tritt, wie es der § 1 im einzelnen näher bezeichnet, so daß also die sozialistischen Bestrebungen, um unter das Verbot des Gesetzes zu fallen, auf den Umsturz der bestehenden Staats- und Gesellschaftsordnung gerichtet sein müssen". Man darf wohl, ohne dem Andenken des Parteiführers Unrecht zu tun, sagen, daß es Flausen waren, mit denen er sich hier befaßt und seinem Ansehen Eintrag getan hat. Er scheint sich dessen doch bewußt gewesen zu sein, wenn er im folgenden Teil seiner langen Rede den Beweis lieferte, daß er erheblich besser um die kapitalistische Produktionsweise und die Entwicklung der sozialen Frage Bescheid wußte, als die große Mehrheit der Mitglieder des Reichstages, geschweige ihrer Wähler. Niemand werde so vermessen sein, führte er aus, zu glauben, daß mit der kapitalistischen Produktionsweise der heutigen Zeit die letzte Form gefunden sei, welche die wirtschaftliche Produktion annehmen könne und annehmen werde; und niemand werde behaupten wollen, wenn im Laufe der weiteren Entwicklung der Menschheit eine andere Grundlage für die Produktionsweise gewonnen werde als die heutige, daß dann diejenige Form des Privatrechtes, *auch des Eigentums*, welche gerade dieser kapitalistischen Produktionsform entspreche, dieselbe bleiben würde, ja auch nur bleiben könnte. Es schloß sich daran ein Absatz, der einigen von uns jungen Männern damals sehr bedeutsam schien, also nicht geringen Eindruck auf uns machte, als von einem Manne wie BENNIGSEN ausgesprochen:

„Meine Herren, wenn vor unseren Augen, vor denen der jetzt Lebenden, der Schleier weggezogen würde, der uns die späteste Zukunft verhüllt, die alsdann herrschenden Formen des wirtschaftlichen Lebens und Zusammenseins und die Gestaltung von Staats- und Privatrecht unseren Blicken erschienen — sie würden uns gewiß sehr wunderbar und fremdartig erscheinen, viel wunderbarer und fremdartiger möglicherweise noch als dergleichen Erscheinungen in früheren Jahrtausenden."

Indem er dies noch weiter umschreibt, wollte er damit ablehnen, als Gesetzgeber wissenschaftliche Erörterungen abzuschneiden, auch wenn sie unwillkommen wären für die bestehenden Institutionen. So etwas würde niemals gelingen. Auch wolle man nicht versuchen, humane Bestrebungen zu hemmen, die etwa darauf ausgingen, den Anteil, den die arbeitende Klasse im ganzen an dem Produktionsergebnisse habe, zu steigern — nein, es sei nur der revolutionäre Charakter, den die ganze sozialdemokratische Bewegung angenommen habe, was ihm und seiner Partei so gefährlich erscheine. Er mußte dies natürlich noch in langen Ausführungen und in Beziehung auf eine Art von Zukunftsprogramm, das der Abgeordnete Hasselmann vorgetragen hatte, begründen; und dies gipfelte in der Behauptung: wenn es jemals in der jetzigen Zeit in irgendeinem europäischen Lande der sozialdemokratischen Agitation gelingen sollte, sich der Gewalt zu bemächtigen und auf kurze Zeit „die Verhältnisse einzuführen" — der äußersten Tyrannei würde es nicht möglich sein, ein Volk zu zwingen, einige Jahre nur einen solchen Zustand zu ertragen. Dazu ertönte ein Zwischenruf: Sehr wahr! — Ganz leicht ist diese Begründung des Umfalles dem Abg. von Bennigsen nicht geworden; er hatte es sich selber zuzuschreiben, wenn dann sein Landsmann Windthorst mit scharfer Ironie darauf hinwies, daß man diese Rede schon als eine sehr staatsmännische bezeichnet habe. „Meine Herren, wenn es das Genie eines Staatsmannes ist, im Mai nein! und im Oktober ja! zu sagen, dann allerdings bekenne ich, daß die Leistung meines Landsmannes eine sehr staatsmännische gewesen ist." Mit beißendem Spott machte der Kritiker geltend, daß die neue Vorlage von der des Mai nur dadurch sich unterscheide, daß sie sehr viel weiter gehe, sehr viel schärfer sei als jene. — Herr von Bennigsen war auch in tiefem Irrtum, wenn er als Hauptredner seiner Fraktion im Sinne der nationalliberalen Partei zu sprechen wähnte, mit seiner relativen Anerkennung sozialistischer Zukunftsgedanken. Er hätte der ersten Rede in dieser Verhandlung sich erinnern sollen, die sein politischer Freund — die Sezession der Freihändler geschah ja erst später — Dr. Ludwig Bamberger gehalten hatte. Hier trat es deutlich hervor: die Gegnerschaft gegen die Sozialdemokratie und der bittere Haß, mit dem man sie zu vernichten gedachte, war auf der einen Seite, der „konservativen", mehr politischer, auf der anderen, der „liberalen", weit mehr ökonomischer Natur. Jene huldigten dem alten Satze, der seine Schärfe einst gegen die Liberalen kehrte und auch jetzt noch in den Herzen der edlen Herren gegen sie gemeint war:

Gegen Demokraten
Helfen nur Soldaten;

diese, die als Nationalliberale freilich zur Erhabenheit über alles Demokratische sich entwickelt hatten, dachten und redeten weit überwiegend — Herr v. Bennigsen war immerhin ein Mann von überdurchschnittlicher Bildung, wie freilich auf seine Art auch Herr Dr. Bamberger es war — im Sinne einer kapitalistisch-liberalen Doktrin, die eben als solche die sozialistische Arbeiterdoktrin verabscheuen mußte. Bamberger behauptete: „es sei gar nicht ein Ausnahmegesetz gegen bestimmte Personen, sondern ein sachliches Ausnahmegesetz.“ Er halte für unentbehrlich, das Wort sozialistisch in das Gesetz hineinzunehmen, „nicht bloß der Gerechtigkeit, sondern auch der Wirksamkeit wegen, die wir dem Gesetz sichern wollen“. Es ist, als ob Bamberger schon 25 Tage vor der Rede Bennigsens dieser habe vorbeugen wollen, wenn er nun gegen alle Vorstellungen von einer Zukunft des Sozialismus, dessen Tendenzen er so gut wie Bennigsen verstand, seine Pfeile schleuderte, und ausführte: so groß hätte das Übel nicht werden können, wenn nicht die Wurzeln im Denken und, wie er behaupte, im irrigen Denken der Nation in großen Kreisen lägen, wenn es nicht (wie er nachher seinen Satz abwandelte) mit idealsten Bestrebungen und dem ganzen Geist der Nation, dem sie sich lange Zeit hindurch in großen Schichten ergeben habe, eng verbündet wäre — gleich nachher sprach er schon von dem *Gift*, das in die deutsche Nation hineingetragen worden sei; es bestehe darin, daß jede Partikel der Nation gegen die andere in wildester Weise aufgehetzt worden sei, weil man immer dem betreffenden Teile sagte: der andere Teil lebt auf deine Kosten — wenn es mit gerechten Dingen zuginge, würdest du an seiner Stelle oder teilweise an seiner Stelle sein, und es ist nur böser Wille der *Gesetzgebung*, wenn dies nicht geschieht. Aus dem ganzen Zusammenhange, worin er u. a. eine damals neue Wochenschrift, die von pastoraler Seite ausging („Der Staatssozialist“) zitierte, ging hervor, daß er die wissenschaftlich sozialistischen Meinungen und Lehren unter das Gesetz bringen und durch das Gesetz töten wollte, also das, was er sonst mit seinen Freunden literarisch als Kathedersozialismus bekämpfte. Etwas anders stellte sich freilich die Beredsamkeit des Abgeordneten LASKER, in dessen Seele noch stärkere Reste der älteren liberalen Gesinnung wirksam waren. Er wollte eigentlich nur eine friedengefährdende Agitation der Sozialdemokratie, nicht diese selber und ihre Tendenzen, unter das Gesetz fallen lassen; er habe es aber einmal mit einer Regierung zu tun, welche ohne die Worte sozialistisch, sozialdemokratisch und kommunistisch dies Gesetz nicht annehme, „und sollten wir deshalb resultatlos auseinandergehen, weil die Regierung ohne Hinzufügung dieser Worte das Gesetz nicht annehmen will und ich diese Worte für entbehrlich halte?“ Und doch gehörte BAMBERGER gerade zu seinen engeren Parteifreunden, mit denen zusammen er 2 Jahre später die „Liberale Vereinigung“ begründete — BAMBERGER, der gerade das Verbot aller „sozialistischen“ Bestrebungen für „unentbehrlich“ erklärte! — Der Zusammenbruch der LASKERschen ehrlich liberalen Denkungsart konnte nicht deutlicher in die Erscheinung treten. Mit der Kraft und dem Einfluß des tüchtigen Mannes, der an der Gestaltung des neuen Reiches mit großem Eifer und Fleiß mitgewirkt hatte, war es zu Ende. BISMARCK hat ihn zerbrochen: über die Tragik des deutschen Liberalismus fiel der Vorhang.

d) Die Angeklagten.

Die Abwehr der fürchterlichen Anklagen fiel der Natur der Sache nach, sofern sie den Lehrmeinungen und dem Verhalten der Partei in Reden und Schriften galt, ausschließlich den wenigen Abgeordneten zu, die für die Partei gewählt waren: ihre Zahl war von dem Dutzend, das sie im vorhergehenden Jahre gestellt hatte, unter dem ungeheuren Drucke der auf sie gehäuften Schmach — es war der Druck der öffentlichen Meinung außer dem Druck der Regierungen, der Behörden, der Parteien — auf 9 gesunken. Der erste Redner für die Angeklagten war AUGUST BEBEL, dessen Mitteilung über das Verhältnis zwischen BISMARCK und LASSALLE schon erwähnt ward. Er wies ebenso, wie nach ihm Dr. BAMBERGER, auf die Tatsache hin, daß sozialistische Gedanken schon recht verbreitet waren: er nannte die Namen und Schriften VON THÜNENS, RODBERTUS', ALBERT LANGES, SCHÄFFLES, ADOLPH WAGNERS, des nationalliberalen Bankiers SAMTER, er warf die Frage auf, ob auch die Werke eines VON SCHEEL, LUJO BRENTANO, SCHMOLLER verboten werden sollten, und urteilte, daß ein so gewaltsamer und umfassender Eingriff in die Eigentums- und Erwerbsverhältnisse von Tausenden (die das Gesetz bewirken werde) weit mehr als es durch eine Agitation von mehr als 10 Jahren geschehen konnte, einen tiefen Groll und den heftigsten Haß gegen den heutigen Staat und die ihn unterstützenden Gesellschaftskreise erregen werde. Ob man auch die Genossenschaftskassen mit diesem Gesetz treffen wolle? Ob die große Zahl von lokalen Vereinen, die außer den sozialistischen auch anders gesinnte Mitglieder hätten, wie der Buchdruckerverband, die Bildungsvereine, Lesekabinette — ohne Zweifel würden sie alle für sozialdemokratisch erklärt und unterdrückt werden? Er bestreite, daß aus ihrem Programm hervorgehe, es gehe auf gewaltsamen Umsturz aus. Das Programm der Internationale, das ja im Anfang der Vorlage wörtlich abgedruckt sei, sage in seinem ersten Satze, daß sie und alle ihr angehörigen Gesellschaften und Individuen Wahrheit, Recht und Sitte als die Grundlage ihres Betragens untereinander, und gegen alle ihre Mitmenschen, ohne Rücksicht auf Farbe, Bekenntnis oder Nationalität anerkennen. Ob das gemeingefährlich sei? In Wahrheit gebe es im Deutschen Reiche nur noch eine einzige Partei, die wirklich Ideale habe, das sei die Sozialdemokratie. Und die ganze moderne Wissenschaft arbeite ihr in die Hände, müsse ihr dienen. Man klage ja auch über die Verbreitung atheistischer und materialistischer Lehren — wer habe sie wissenschaftlich und philosophisch begründet? „Waren das vielleicht Sozialdemokraten?" — Das Ausnahmegesetz werde in einer Weise wirken und das herbeizuführen geeignet sein, was man verhüten wolle und solle, einen gewaltsamen Umsturz. Der Redner zitierte dann liberale Staatsrechtslehrer wie Bluntschli und Welcker — der letztgenannte habe ausgesprochen, daß es wohl unmöglich sei, aus der Geschichte einen einzigen Fall zu entnehmen, *wo die Revolution nicht nachweisbar durch rechtzeitige Reform hätte vermieden werden können.* (Bekanntlich hat schon Goethe Ähnliches gesagt.) Der beredte Parteiführer schloß damit, nochmals zu verlangen, daß man statt allgemeiner Redensarten und Anschuldigungen Tatsachen und Beweise bringe für die bösen Gesinnungen und Absichten, die man der Partei zuschreibe, insbesondere für ihre angebliche Schuld an den Mordanschlägen. — Nach Bebel kam der Minister Graf zu Eulenburg zu Worte, dessen Rede bewies, daß er einiges über Sozialismus und Anarchismus durch irgendwelchen Geheimrat sich hatte zusammenstellen lassen, daß er aber persönlich so unkundig und fremd den Dingen gegenüberstand, um zu behaupten, es sei nicht zu leugnen, daß diese Verbindungen (die der Richtung MARX und die sog. Anarchisten) alle untereinander im Zusammenhange stünden (!), und es sei eine Erfahrung in solchen Bewegungen, die auf dem Gesetze der Schwere beruhe, daß die extremeren Richtungen allmählich die Oberhand gewinnen und die gemäßigteren ihnen gegenüber sich nicht aufrecht erhalten können, wozu ein: Sehr richtig! rechts laut wurde. Er gab damit zu, daß die Sozialdemokraten in Wahrheit eine gemäßigte Partei darstellten.

BEBEL sprach dann nochmals zur dritten Beratung, und zwar zum § 5 des Entwurfs, der die Auflösung von Versammlungen betraf. Er begrüßte mit Genugtuung die ehrliche Äußerung LASKERS, daß wenigstens für das *zweite* Attentat die Sozialdemokratie in keiner Weise verantwortlich gemacht werden könne. Anerkannter- und ausgesprochenermaßen sei aber doch dies Gesetz einfach ein Ausfluß jenes zweiten Attentats, und Herr LASKER begehe einen logischen *Salto mortale*, wenn er trotz seiner Überzeugung glaube begründen zu können, daß er *für* das Gesetz stimmen wolle. BEBEL führte dann aus, wenn eine loyale Handhabung versprochen werde, daß in dieser Hinsicht schon die gegenwärtige Praxis in Handhabung der bestehenden Vereins- und Versammlungsgesetze zu ernstlichen Zweifeln nötige — wenn z. B. eine Versammlung angeblich aus sanitätspolizeilichen Rücksichten geschlossen werde, weil die Hitze im Saale zu groß sei; oder wenn eine Versammlung vom Polizeikommissar aufgelöst werde, weil er wegen geöffneter Fenster sie als unter freiem Himmel stattfindend ansehen müsse. Hingegen werde nie eingeschritten, wenn in den Berliner Tingeltangeln eine unerträgliche Temperatur herrsche, oder wenn das Publikum in Massen zu den laszivsten Theateraufführungen laufe. Oft lege die Polizei es offenbar darauf an, Streit und Unruhe zu provozieren oder wenigstens da, wo es sich um Ausübung staatsbürgerlicher Rechte handele, den Staatsbürgern alle möglichen Hindernisse in den Weg zu legen. Diese Zustände würden natürlich auf Grund des Gesetzes viel schlimmer werden, und auch die Partei des Abgeordneten LASKER treffe die volle und ganze Verantwortung.

Wenn BEBELS Beredsamkeit durch die treuherzige Wärme und

den ehrlichen aber leidenschaftlichen Idealismus mächtig wirkte, so sprach WILHELM LIEBKNECHT in einer anderen Tonart. Er, der um 14 Jahre ältere Mann, der als Student einen aktiven Anteil am badischen Aufstande und an der gesamten Bewegung von 1848/49 genommen hatte, wollte nur in einem Punkte sich persönlich verteidigen. In der Anklageschrift gegen HÖDEL war zu lesen: dieser habe seit November 1877 am Unterricht des Leipziger Arbeiterbildungsvereins, geleitet vom Abgeordneten LIEBKNECHT, teilgenommen. In Wahrheit sei er mit diesem durchaus verkommenen Menschen, der nach einigen Wochen als unwürdig aus jenem Verein ausgestoßen worden sei, nur ein einziges Mal zusammengekommen, und zwar nicht im Arbeiterbildungsverein, sondern bei einer Volksversammlung, wo der Mensch im Namen und Auftrage der „christlich-sozialen" Partei Flugschriften verbreitete, und da man ihn hinauswerfen wollte, seine, LIEBKNECHTS, Hilfe angerufen habe, die ihm auch so weit gewährt worden sei, daß er der Versammlung beiwohnen durfte. Nach seiner Überzeugung, die ihm durch ein persönliches Zusammensein in Gegenwart des Untersuchungsrichters bekräftigt wurde, sei der HÖDEL nicht im Besitze normaler Geistesfähigkeit gewesen, ihm, LIEBKNECHT, sei es während der halben Stunde, die er mit dem Menschen habe sprechen dürfen, völlig unmöglich gewesen, ein menschliches Gefühl, einen normalen gesunden Gedanken dem Unglücklichen zu entlocken. Jedenfalls habe man seine Zurechnungsfähigkeit nicht über jeden Zweifel zu erheben vermocht. Und es sei bekanntlich VIRCHOW, der seinen Schädel zu untersuchen wünschte, die Auslieferung verweigert worden. Nachher erhob sich LIEBKNECHTS Rede zu einer großen Anklage gegen die Art und Weise, wie man nun das zweite Attentat ausbeute, an dessen Urheber auch nicht einmal der allerschwächste Zusammenhang mit der sozialdemokratischen Partei nachgewiesen wurde. In der schärfsten Weise protestierte er dagegen, daß man eine halbe Million deutscher Wähler verleumde, indem man durch die Motive des Gesetzes sie als Mitschuldige von Meuchelmördern brandmarken wolle. Er klagte die BISMARCKsche Politik, die in ernster Verlegenheit gewesen sei auf dem Gebiete der inneren wie der äußeren Politik, an, daß sie die Attentate — er sagte nicht ausdrücklich aber meinte offenbar: wider besseres Wissen — für ihre Zwecke verwerten wolle; eine Praxis freilich, die ja zum staatsmännischen Handwerk gehöre. Erst das zweite Attentat, das Furcht und Angst erregte, verschaffte dieser Politik, was sie begehrte: einen reaktionären Reichstag, den entschiedenen Bruch mit dem Liberalismus. Der Redner verwahrte sich gegen den Vorwurf BAMBERGERS, daß die Sozialdemokraten Gegner der bürgerlichen Freiheit seien. Er wies aus seinen Verhältnissen zur „Norddeutschen Allgemeinen Zeitung“ nach, daß die preußische Regierung lange ihn zu gewinnen versucht habe, und daß diese Versuche mit seiner Ausweisung aus Berlin und Preußen endeten. Man habe ja ebenso MARX zu bestechen versucht und — noch im Jahre 1867 — anderes unternommen, um Arbeiter für die Regierung zu gewinnen. LIEBKNECHT ging dann auf Einzelheiten des Gesetzes ein, das weder verbesserungsfähig noch verschlechterungsfähig sei; „es kann einfach nicht schlimmer gedacht werden als es ist, und wie uns mit dankenswerter Offenherzigkeit zugestanden worden ist, innerhalb des Rahmens dieses Gesetzes kann die Polizei alles tun, kann die Polizei alles lassen, was sie will; es ist die absolute Polizeiwillkür, die proklamiert wird“. Er sprach weiter über die systematischen Verdächtigungen und Verleumdungen gegen seine Partei, um zu versichern, das deutsche Volk werde mit aller Kraft seiner ehrlichen gesunden Natur gegen das Gesetz reagieren, es werde selbst, wenn man russische Zustände herbeiführe, sich nicht korrumpieren lassen, es werde nicht zu einem Volk von Meuchelmördern werden, nun und nimmermehr! Die Wissenschaft sei genötigt, Zeugnis abzulegen für die Sozialdemokratie. In der kommenden Zeit der Reaktion werde die Sozialdemokratie sich vertiefen, sich sammeln. Man werde so wenig wie es jetzt der Fall sei, auf den Gedanken kommen, durch irgendeinen Putsch, einen gewaltsamen Schlag, die Verwirklichung der Parteiziele rascher herbeiführen zu wollen. „Sie meine Herren, Sie arbeiten durch dieses Gesetz für uns und werden für uns arbeiten.“ Es werde anders wirken, als es unmittelbar zu wollen scheine. Wie man früher die leiseste liberale Regung als demokratisch denunzierte, so werde man nunmehr jeden Oppositionsgedanken als sozialdemokratischen Gedanken verfemen. Der Redner schloß mit den Worten: „Der Tag wird kommen, wo das deutsche Volk Rechenschaft fordern wird für dieses Attentat auf seine Wohlfahrt, auf seine Freiheit, auf seine Ehre.“ Außer BEBEL und LIEBKNECHT trat in einer Weise, die der Partei zur

Ehre gereichte, der Braunschweiger BRACKE auf, der sich bemühen wollte, mit größter Ruhe und Objektivität die Vorlage zu beleuchten. Er erinnerte daran, daß die Partei mit MARX die Entwicklung der Dinge als einen naturgeschichtlichen Prozeß betrachte und den einzelnen als Produkt der Verhältnisse. Er betonte den starken Gegensatz zu den Anarchisten und wies auf SCHÄFFLES „Quintessenz des Sozialismus" hin, um die törichte Unwissenheit des Publikums über diesen Gegenstand zu brandmarken. Wenn ihnen die Erregung von Haß vorgeworfen werde, so versichere er, daß durch die oft aus politischen Motiven geschehenden Arbeiterentlassungen tausendmal mehr Haß geschaffen werde als durch alle sozialdemokratischen Beschlüsse und Reden zusammengenommen. Eine minder edle Haltung bewahrte der vierte sozialdemokratische Hauptredner — er sprach in der zweiten Beratung mit einer langen Rede zu § 1 — der Abgeordnete für Elberfeld-Barmen HASSELMANN. Er hatte weder den biederen Idealismus BEBELS noch den würdevollen Ernst LIEBKNECHTS, aber er besaß in höherem Grade — er war viel jünger und war Rheinländer — Leidenschaft: für den Politiker, wenn er Staatsmann sein will, eine bedenkliche, für den Redner eine erfolgfördernde Eigenschaft. HASSELMANN, seines Zeichens ein Studierender des Baufaches, bekannte sich noch, drei Jahre nach der Vereinigung auf Grund des Gothaer Programms, als Lassalleaner. Er hatte mit LASSALLE gemein, daß er ein außerordentlich wirkungsvoller Agitator war. Moralisch, wissenschaftlich und dadurch auch politisch standen die Marxisten, stand also die vordem *Leipziger* Richtung *über* der von HASSELMANN vertretenen, die in Berlin ihren Hauptsitz hatte, wie MARX und ENGELS mit Recht sich LASSALLE überlegen fühlten in eben diesen Hinsichten (wie tief auch der HASSELMANN wiederum unter LASSALLE stand).

HASSELMANN eröffnete seine große Rede sogleich mit Äußerungen, die als Drohungen gedeutet werden konnten. Das Gesetz sei eine sklavische Nachahmung der Taktik LOUIS NAPOLEONS, die Sozialdemokratie gehe dem Gesetz entgegen, ohne es irgendwie zu fürchten. Er griff sogleich heftig den Reichskanzler an, der zur Vernichtung der Sozialdemokratie zwei, wenn auch sehr gouvernemental gefärbte „sozialdemokratische Reden" gehalten habe. Durchaus mit Unrecht habe er LASSALLE einen Monarchisten genannt. BISMARCKS Reden seien von Widersprüchen erfüllt. Fälschlich habe er behauptet, daß Anfechtungen des Eigentums etwas Neues seien, er wolle doch des Spruches sich erinnern:

„Reiten und rauben ist keine Schande,
das treiben die Edelsten im Lande.“

Fürst Bismarck verklage die Sozialdemokratie als jeder positiven Bestrebung feindlich, er habe vergessen, daß solange als es Sozialdemokraten im Reichstage gegeben hat, sie ununterbrochen auf dem Gebiete der Gewerbegesetzgebung tätig gewesen sind, und zwar auf Grund des Gothaer Programmes. Man könne ja von einem Reichskanzler nicht erwarten, daß er eine absichtliche Unwahrheit ausspräche, sonst müsse er das hier voraussetzen. Die Sozialdemokraten stellen alles als Schwindel hin, was dem Menschen irgendwie heilig ist, behauptet Fürst Bismarck. „Sie vernichten z. B. den Glauben an das Königtum.“ Der Herr Reichskanzler sei der erste in Deutschland gewesen, der einen König vom Thron gestoßen habe. „Sie vernichten den Enthusiasmus für vaterländische und nationale Bestrebungen.“ Wer habe 10 Millionen Deutsch-Österreicher von Deutschland losgerissen? Ob der ein wahrer Patriot sei, der mit Blut und Eisen versuche, blutige Lorbeeren auf Schlachtfeldern zu sammeln, oder der dahin wirke, daß Friede unter den Völkern geschaffen werde, daß keine Nation die andere ausbeute und in ihren Rechten kränke? . . . Der wahre Patriotismus schließe den Kosmopolitismus nicht aus, er stehe nur im Gegensatz zum Chauvinismus und zum Ehrgeiz der Tyrannen. Der Redner ging ferner auf die Anklage ein, daß die Familie von den Sozialisten für Schwindel erklärt, und daß das Eigentum angegriffen werde. „Wir wollen“, sagte er, „wahres Familienleben in seiner Reinheit wiederherstellen; die Zerstörung des Familienlebens herrscht vielmehr in der Gegenwart vor.“ Das Massenelend zerstöre die Familie, befördere die Prostitution. Aus dem Eigentum und Erwerb habe die Entwicklung das Gegenteil von dem gemacht, was es sein sollte: die Frucht einer Arbeit. Bismarck habe auch eingehend über die Pariser Kommune gesprochen, habe in seinen letzten Reden erklärt, daß er von dem Augenblick an der entschiedenste Feind der Sozialdemokratie geworden sei, wo der Kommunekampf ausgebrochen war, und doch habe derselbe Bismarck am 2. Mai 1871 hier im Reichstage erklärt, es müsse auch in der Grundlage der „heutigen Pariser

Bewegung irgendein vernünftiger Kern stecken“, sonst vermöge keine Bewegung auch nur das Maß von Kraft zu erlangen, wie die Pariser es augenblicklich erlangt habe. Und dieser vernünftige Kern sei das Eintreten für *kommunale Selbstverwaltung*. Der Reichskanzler habe den milden Gesetzen und den gutmütigen Richtern Deutschlands die Schuld zugeschrieben an dem Stande der sozialistischen Bewegung in Deutschland — während die Gefängnisse gefüllt seien mit Sozialdemokraten. Eine andere Ursache sei angeblich, daß bei uns jeder nach großem Gewinn strebe: der Bäckermeister wolle Bankier und dann Millionär werden, behaupte der Reichskanzler. Was da gemeint sei, entgegnet HASSELMANN, sei ja wohl der Gründerschwindel, der allerdings dazu beigetragen habe, die Sozialdemokratie großzuziehen, dadurch daß er das kleine Eigentum des kleinen Mannes konfisziert habe. Auch der untere Beamtenstand habe die sozialen Schläge, die das arbeitende Volk erlitt, doppelt mitempfunden, und ihm schließe sich ein großer Teil derer an, die in den Schlachten dreier Kriege mitgewirkt haben. Von allen Leidenden werde eben das Wesen des Sozialismus besser begriffen als von den Herren der Regierung, „deshalb ist das gesamte werktätige Volk im gegenwärtigen Augenblick auf dem Marsche ins sozialistische Lager begriffen, deshalb wird es auch weiter fortleben und siegen trotz des Repressivgesetzes, womit man ihm drohet“. Der Redner kritisierte weiterhin scharf Bismarckische Aussprüche darüber, daß Freizügigkeit und Preßfreiheit an den gegenwärtigen Zuständen schuld seien, noch schärfer die Behauptung, in der sich der Reichskanzler gefallen hatte, daß „hier in Berlin“ 60—100000 organisierte Arbeiter existierten und den Charakter einer feindlichen Armee annahmen: niemals seien Ursache und Wirkung so verwechselt worden, wie in der Behauptung des Fürsten, die Fortdauer des jetzigen sozialen Elends sei eine Folge der sozialistischen Bewegung. Der Abgeordnete knüpfte eine kleine Vorlesung daran über die wirklichen Bestrebungen seiner Partei, die in erster Linie sich zum Ziele setze, klar die gesellschaftlichen Zustände zu durchschauen. Er wies mit besonderem Nachdrucke auf die Zeiten der Handelskrisis hin, die ja eben im Gange waren und auf das Heilmittel der Assoziation gegen die heutige planlose Produktionsweise. Er entwickelte dann ausführlich, warum er nicht auf dem Boden des *gouvernementalen* Sozialismus stehe, den der

Reichskanzler hier vertreten habe. Dieser werde Nepotismus und Korruption zur Folge haben, denn ein reaktionärer Staat werde in gewisser Weise der schlimmste Ausbeuter sein. Er gab dann eine Übersicht über die Handlungen der Regierung seit 1874, wo man das Koalitionsrecht durch ein Kontraktbruchgesetz zu brechen versuchte und viele Arbeitervereine auflöste oder, wie es gerade neuerdings geschehe, unablässig schikaniere und drangsaliere. Dann — fuhr er fort — sei ein Rezept gefolgt, das der Abgeordnete das CAMPHAUSEN-ACHENBACH-BISMARCKsche[1] nannte: es sei von diesen Herren im Reichstag und im Abgeordnetenhause erklärt worden, daß die Arbeiter in Deutschland zu hohe Löhne verdienten; „dies geschah in einem Augenblick, wo die Arbeiter bereits am Hungertuche nagten, wo in Essen, Dortmund und Remscheid vorgekommen war, daß Kinder in den Schulen sich erbrechen mußten, und es wurde amtlich festgestellt, daß sie als Nahrung nur noch Kartoffelschalen erhalten hatten". Jenes Rezept sei auch auf die Arbeiter der Staatsbergwerke angewandt worden. Dann sei das EULENBURGsche Rezept gefolgt, das mit den Worten eingeführt wurde, die Zeit werde kommen, wo „die Flinte schießt und der Säbel haut". Also sei das Sozialistengesetz nur ein letztes Glied in einer langen Kette. Welche Wirkung werde es haben? „Stellen Sie sich vor, es sei eine gewaltsame soziale Revolution gekommen; die Arbeiter fragten sich, was sie mit den Fabriken und dem großen Grundeigentum beginnen wollten. Was würden da die eifrigsten und erbittertsten Kämpfer und Revolutionäre vielleicht in Vorschlag bringen? — Sie könnten einfach zurückgreifen auf dies Sozialistengesetz mit seinen Paragraphen 1a, b und c. Heute mir, morgen dir, würde es dann heißen. Der Redner wollte auch an die versprochenen humanitären Bestrebungen für die Arbeiter durchaus nicht glauben. Nicht Almosen wolle man, sondern Menschenrecht für das arbeitende Volk, das aber voll und ganz. Er begründete dann, wie er sich eine ruhige und friedliche Entwicklung der gegenwärtigen Gesellschaft denke, durch den Fortgang der sozialistischen Bestrebungen, durch Gründung der Gewerkschaften und

[1] CAMPHAUSEN, der nicht lange vorher am 23. März 1878 seine Entlassung genommen hatte, war seit 1869 preußischer Finanzminister gewesen. ACHENBACH, seit 13. Mai 1873 Handelsminister, hatte gleichfalls in diesem Jahre seine Entlassung bekommen.

allmähliche vorsichtige Entwicklung von Produktionsassoziationen. Aber die Regierungen seien es, die den Weg der Gewalt beschreiten und den Sozialismus zum revolutionären Sozialismus machen wollen. Man sage wohl (es war das, was der greise Graf Moltke mit einer mehr als gewöhnlichen Einsicht oft und auch in dieser Beratung vorausgesagt hatte, offenbar auf Grund seiner Kenntnis der großen Revolution 1789—1795), wenn auch jetzt die Sozialisten nicht den offenen Kampf wollten, so würden doch ihre Hintermänner ihn wollen und beginnen. Er für seine Person — rief der Abgeordnete aus — habe nicht nötig, auf Hintermänner zu warten; wenn man das Volk zur Verzweiflung bringe, so werde er in Mitte der Reihen des Volkes stehen, wenn er auch auf dem Felde der Ehre nötigenfalls sein Blut werde lassen müssen. Der Präsident unterbrach hier den Redner, und als er nach dieser Unterbrechung im gleichen Sinne fortfuhr, Bismarcks Ausspruch, das Leben verliere seinen Wert, wenn man unter der Tyrannei einer Gesellschaft von Banditen leben müsse, Wort für Wort *gegen* diesen zu kehren, alsbald zum zweiten Male, weil seine Ausführung nahe an die direkte Provokation zum Aufruhr streife, und rief ihn wiederum zur Ordnung. Es half Herrn Hasselmann nicht, daß er dann lebhaft betonte, er ziehe den Weg des Friedens vor — die Zeitungen sorgten dafür, die vorsichtige und gerechte Ausdrucksweise des Präsidenten dahin zu vergröbern, daß der Abgeordnete für Elberfeld-Barmen im Reichstage zur Rebellion aufgerufen habe. Dies wirkte natürlich erschütternd und empörend. Mancher der noch gezweifelt hatte, ob wirklich die Partei auf gewaltsamen Umsturz abziele, mußte sich nun als überwunden bekennen. So fiel die ungestüme, obschon durchaus hypothetisch gemeinte Äußerung des Mannes der ganzen Partei zur Last und schien die Einfalt der öffentlichen Meinung zu bestätigen, daß eben die Attentate auf den Kaiser ein Vorspiel der Erhebung bedeutet hätten und also die Unterdrückung dringend herausforderten. Es geschah wohl als ein vergeblicher Versuch, diese Eindrücke abzuschwächen, daß Liebknecht, wie berichtet wurde, mit großer Emphase in der dritten Beratung protestierte, es werde nicht gelingen, das deutsche Volk zu einem Volke von Meuchelmördern zu machen. Liebknecht liebte ohnehin den Lassalle-Anhänger Hasselmann nicht.

Interessant ist auch die unmittelbare Antwort, die dem Abgeordneten HASSELMANN zuteil wurde durch einen hervorragenden damaligen Parlamentarier, einen alten Demokraten aus der Paulskirche, wo er schon erster Vizepräsident gewesen war, 1849 vom preußischen Obertribunal *in contumaciam* zu lebenslänglicher Zuchthausstrafe verurteilt gewesen. Mehr Bedeutung als im Reichstage hatte Dr. LÖWE im preußischen Landtage, wo er 1873—1876 erster Vizepräsident des Hauses der Abgeordneten gewesen war. Er trennte schon 1874 sich von der Fortschrittspartei, weil er ihr in der damaligen Abstimmung über die Militärfrage nicht folgen mochte. Er ging auch in dieser Frage eines Sozialistengesetzes mit den *Nationalliberalen*, und begründete seine Haltung in eben dieser Rede. Er meinte aus der vorangehenden Rede HASSELMANNS das Bild des Zukunftsstaates zu vernehmen, das HASSELMANN allerdings skizziert hatte, indem er von Produktivassoziationen in großem Maßstabe sprach, die eine volle Sicherheit gegen die planlose Produktionsweise der Gegenwart bieten würden. LÖWE-Calbe (so wurde er regelmäßig genannt, weil er in die Nationalversammlung 1848 für die Kreise Calbe und Jerichow I gewählt war) goß die volle Schale seines Spottes über diese Vorstellung aus, hauptsächlich mit dem gewohnten Argument, die Gesellschaft werde dadurch in eine vollkommene Sklaverei geraten, und das Allerschlimmste, was man an einer reaktionären Regierung und Gesellschaft sich vorstellen könne, würde immer noch ein gesegneter Zustand sein gegen den, der uns in einem sozialdemokratischen Staat erwarte — ein Satz, der mit lebhaftem Beifall aus der Versammlung begrüßt wurde. Er (LÖWE) kenne die Not aus eigenster Erfahrung, sei Armenarzt gewesen, und habe ein Herz für die Armut. Er vergleiche den gegenwärtigen Zustand mit dem, den er vor 40 Jahren schon gekannt habe. Der Arbeiter wohne besser, er kleide sich besser, er esse besser als früher, und er verbrauche häufig als Taschengeld das, was früher oft nur die ganze Familie an Lohn zu verzehren hatte. Das ,,pathognomische Zeichen" der Sozialdemokratie liege in ihrer Methode: daß sie nämlich vorzugsweise mit dem Haß gegen andere Klassen arbeite und am allerschlimmsten diejenigen verfolge, die in humanitären Bestrebungen das Höchste und Beste geleistet haben, was überhaupt in dieser Linie und für die Aufgaben geschehen sei, die als die hauptsächlichen Bestrebungen der Sozialdemokratie innerhalb der gegenwärtigen Gesellschaft dargestellt werden. Niemand werde von der Sozialdemokratie in ihren Vereinen und in ihrer Presse so beschimpft, so geschmäht[1] als SCHULZE-Delitzsch, der durch das freiere Genossenschaftswesen Hilfe gebracht habe für den Arbeiter, für den kleinen Handwerker. Es sei auch darum in Deutschland so schlimm mit der Bewegung, weil es bei uns noch nicht gelungen sei, dem sog. vierten Stande sein Klassenbewußtsein zu nehmen, das sich im gewöhnlichen Verkehr schon im Benehmen der Leute andeute. Der Redner war ehrlich genug zuzugestehen, daß dem schon vor 30 Jahren so gewesen sei, auch abgesehen von den Zukunftsplänen, meinte er, wollten die Sozialdemokraten im Gegensatz zu allen liberalen Bestrebungen für die Gleichheit der Staatsbürger, einen besonderen Stand organisieren mit eigenen Interessen und besonderen Mitteln dieselben zur Geltung zu bringen (daß dieser „Stand" tatsächlich bald nachher — schon durch die Sozialversicherung — von Staats wegen konstituiert würde, sah der alte Demokrat nicht voraus). Er hielt es für ganz irrtümlich, wenn man glaube, dies Gesetz sei ein Klassengesetz, durch welches Millionen von Bürgern ihrer natürlichen und verfassungsmäßigen Rechte beraubt würden. Nur ein Mißbrauch dieser Rechte werde getroffen, und viele andere würden die Freiheit wieder gewinnen, deren sie durch die zu bekämpfende Organisation beraubt seien. Ausführlich klagte er dann diese Freiheitsbeschränkungen durch Terrorismus der Koalitionen an. Zum Schlusse sprach der Redner sich dahin aus, es müsse mehr Grundbesitz geschaffen werden, im Osten zumal, und es dürfe das Genossenschaftsgesetz und die Genossenschaften nicht so behandelt werden, wie es das Gesetz und auch die Kommission vorgeschlagen hatte.

[1] Im Norddeutschen Reichstag hat SCHWEITZER die Koalitionsfreiheit mit SCHULZE-DELITZSCH verlangt und vertreten, einen Antrag betreffend Wucher in Geldgeschäften begründet und einen Entwurf von 47 Paragraphen betreffend Arbeiterschutz verfaßt, für den er aber die fünfzehn Stimmen zur Unterstützung nicht erhielt. — Im Deutschen Reichstag vor dem Sozialistengesetz haben aber die zwölf Abgeordneten 1877 den Entwurf eines Arbeiterschutzgesetzes in 153 Paragraphen vorgelegt, der die Unterstützung mehrerer Demokraten gefunden hatte (siehe W. BLOS: Denkwürdigkeiten, I. Anhang). Es ist ein Versuch der Kodifikation des Arbeiterschutz-Gewerbegerichts-Arbeitsvermittelungs- und Koalitionsrechts. (Ich verdanke diese Daten freundlichen Mitteilungen von Herrn Dr. Max Quarck.)

III. Die Verteidigung.

a) Das Zentrum.

Immerhin waren zwei starke Parteien, sonst einander heftig entgegengesetzt, die miteinander in Ablehnung des Gesetzentwurfes einig waren: das Zentrum und die Deutsche Fortschrittspartei. Beide waren natürlich fortwährend beflissen, ihren entschiedenen Widerspruch gegen Sozialismus in starken und deutlichen Worten kundzugeben. Von der Ironie, mit der WINDTHORST den Umfall BENNIGSENS behandelte, ist schon die Rede gewesen. Der erste Redner auf seiten des Zentrums war der Obertribunalsrat PETER REICHENSPERGER, nebst seinem Bruder AUGUST einer der Führer des Zentrums. Er berief sich darauf, daß BEBEL einmal im Reichstage gesagt habe, daß die Sozialdemokratie gerade im Katholizismus ihren Todfeind erkenne und bekämpfe. Er bestritt aber mehrere Punkte des Entwurfes, die im Verlaufe der Beratungen und auf Grund der Kommissionsverhandlungen abgeändert wurden. Er müsse daran erinnern, daß auch die Sozialdemokraten Staatsbürger seien, staatsbürgerlich unsere Reichskassen füllen und unsere Schlachten schlagen müssen. Jener verderblichen Agitation werde man die allergefährlichste Waffe in die Hand drücken, wenn man den Führern oder Verführern der Massen das Recht gebe, diesen zu sagen, sie würden nicht mehr als Staatsbürger anerkannt und behandelt. Diese Denk- und Redeweise werde unter dem Gesetze nicht mehr öffentlich werden können, aber sie werde in der vergiftendsten Weise von Ohr zu Ohr fortschleichen. Er leugnete, daß für die unbedingte Notwendigkeit eines solchen Gesetzes irgendwie ein schlüssiger Beweis gegeben sei. Das Übel, das man bekämpfen wolle — die Empörung der Notleidenden — sei so alt wie die Menschengeschichte. Er frage aber, wer unter diesem Gesetze noch für geschützt gelten könne. Graf BETHUSY-HUC habe ja schon erklärt, die christlich-soziale Partei sei genau ebenso schlecht und verdammenswert wie die sozialdemokratische. Es gebe Kathedersozialisten im Reichstage, deren Plätze nicht auf dem linken Flügel seien. Es gebe Staatssozialisten, und es sei ja offiziell verkündet worden, daß die Sozialdemokratie in Wirklichkeit nur das konsequente Kind der Fortschrittspartei sei. „Wir können und wollen nicht in dieser Weise unter dem Titel eines Ausnahmegesetzes alle Freiheiten gefährden, wir wollen nicht die Zeit der Karlsbader Beschlüsse wieder heraufbeschwören." Der zweite Zentrumsredner war der Abgeordnete Bruel, welfisch-protestantischer Hospitant der Partei; wirkungsvoll charakterisiert er das Gesetz als ein Kriegsgesetz; man habe schon genug Feinde des Reiches oder die dafür ausgegeben würden, vor allem auch die katholische Kirche und ihre gläubigen Glieder; und nun komme hinzu der Krieg gegen den ganzen vierten Stand. Man mache die Macht des Reiches und der Staaten zum Büttel der bevorrechtigten Klassen mit ihrem Recht und ihrem Unrecht; nachdem schon die ganze neueste Gesetzgebung einseitig die Interessen des Kapitals wahrgenommen habe. Er sprach aus, daß über die Attentate nichts nachgewiesen sei. An den vielen Verurteilungen wegen Majestätsbeleidigung sei an erster Stelle Mitschuld die unglückselige Denunziationswut. Er sehe den ursprünglichen Sitz des Übels nicht im Kulturkampfe, so arg auch dieser sei, sondern im Jahre 1866, wo zuerst die Fahne aufgepflanzt worden sei mit der Devise: Macht geht vor Recht. In ähnlichem Sinne sprach am folgenden Tage (10. Oktober) der elsässische Abgeordnete Winter: er äußerte mit guter Kenntnis einiges über den Sozialismus, der keine bestimmt definierte Theorie in betreff der Religion, keine bestimmte Theorie in betreff der Familie, keine bestimmte Theorie selbst in bezug auf die Konstitution seines Zukunftsstaates habe; er berief sich auf Schäffles damals neue Schrift „Die Quintessenz des Sozialismus". „Alles spricht von Sozialismus, wenige aber haben einen rechten Begriff vom Sozialismus." Eine Unsumme von falschen Vorstellungen wuchere nach Schäffle auf diesem Gebiete. Ihm (Herrn Winter) aber sei der Sozialismus die absolute Negation von allem, was ihm und seinen Gesinnungsgenossen heilig sei. In der elften Sitzung (12. Oktober) nahm alsdann Dr. Freiherr v. Hertling, damals noch ein junger Mann, Privatdozent in Bonn, das Wort, der damit begann, die Sozialdemokratie anzuklagen, daß sie in der Presse wiederholt in der schnödesten Weise über diejenigen Normen hinausgegangen sei, die notwendigerweise jeder Presse gesetzt sein müssen. Er behauptete aber zugleich, daß sie das nicht allein getan habe. Er sprach über das auch von liberalen Staatsrechtslehrern vertretene Recht der Revolution, und daß von der Kommission vergebens versucht worden sei, ein Kriterium der Strafbarkeit sozialdemokratischer Preßerzeugnisse in den Gesetzentwurf hineinzubringen. Er charakterisierte die Anschauungen BAMBERGERS, die darauf hinauskämen, die Alleinherrschaft der Manchestertheorie durch die Mittel der Gesetzgebung neuerdings zu sichern. Im Sinne der Kirche und des Widerstandes gegen den Kulturkampf sprach auch nochmals LUDWIG WINDTHORST. Bei der Diskussion über den § 11, der vorschrieb, daß das Einsammeln von Beiträgen zur Förderung der in § 1 bezeichneten Bestrebungen (Untergrabung, nachher Umsturz der bestehenden Staats- und Gesellschaftsordnung) zu verbieten sei, äußerte sich auch der damalige Bistumsverweser von Mainz, Dr. MOUFANG, der darauf hinwies, daß vielseitig außer dem Hause, und auch im Hause, man darüber im unklaren sei, was unter den verbotenen Bestrebungen verstanden werden solle — die Bildung von Arbeiterassoziationen zu produktiven Zwecken, wofür doch auch der Reichskanzler seine Sympathie ausgesprochen habe? Der Anspruch auf Staatshilfe? Wenn aber die Eisenbahngesellschaften sich vom Staat eine Zinsengarantie versprechen lassen, sei das nicht Staatshilfe für die reichen Aktionäre? Er wies ferner auf die Reste der Allmende und auf die falschen Begriffe vom Eigentum hin — in dem, was die Sozialdemokraten darüber lehrten, finde er nicht etwas so verwerfliches, daß man mit solchen Mitteln, wie das Gesetz sie enthalte, dagegen einzuschreiten Veranlassung hätte. Ebenso sei es mit der Ehe, die, wie man sage, durch die Sozialdemokratie zerstört werden solle (der stenographische Bericht verzeichnet hier alsbald eine Unruhe, die offenbar bei den Befürwortern des Gesetzes sich bemerklich machte). Er halte das für eine durch nichts zu begründende Verdächtigung. „Die Ehe der Sozialdemokraten, meine Herren, ihre häuslichen Verhältnisse — ich habe sie in der Nähe gesehen — sind keineswegs die schlechtesten und verwerflichsten, und es denkt keiner daran, ein wildes Geschlechtsleben gesetzlich zu etablieren." Die wirkliche Gefährlichkeit der Sozialdemokratie liege in der wirklich vorhandenen großen Unzufriedenheit im Arbeiterstande. „Wir haben diese Leute zu dem einen von uns getrennten Stande künstlich gemacht, darum stehen sie uns so gegenüber." Nachdem noch BEBEL vorausgesagt hatte, daß man auch jede Unterstützung von Familien untersagen werde und offenbar eine ziemlich große Menge von Existenzen gänzlich ruinieren und ächten wolle, sprach in demselben Sinne auch Prinz RADZIWILL (Mitglied des Zentrums, späterer päpstlicher Hausprälat) und nach ihm Windthorst. In der nächsten, dreizehnten Sitzung sprach auch der ältere Reichensperger. Er wies darauf hin, daß das Wort Richtung — und man meine doch, daß jene Bestrebungen auf ein bestimmtes Ziel gerichtet seien — einen sehr schwankenden unbestimmten Begriff bezeichne.

Es sei nichts gefährlicher — führte er ferner aus — als eine Bewegung, die solche Stützpunkte habe, wie sie für die Arbeiterbewegung ohne Zweifel vorhanden seien, gewissermaßen unter die Erde zu treiben, sie unsichtbar für das Publikum fortwühlen zu lassen. Es wundere ihn überhaupt, daß bei der ganzen Debatte über diese Vorlage so wenig von den *geheimen* Verbindungen die Rede gewesen sei — die Gefahr von diesen, eine weit größere als man ahne, werde in dem Maße wachsen, wie dies Gesetz zur Anwendung komme. Der § 16 (der die Ausweisung und andere polizeiliche Willkürakte vorschrieb) gebe Waffen, die, weil stumpfe Waffen, um so gefährlicher seien. Die Diktatur der Polizei werde begründet, es werde mit dem Gesetz ein Sedan für die bürgerliche Freiheit begründet werden. Wiederum sekundierte dem Parteiführer der Prinz Radziwill. In der dritten Beratung sprach für das Zentrum in erster Linie der westfälische Freiherr von Schorlemer-Alst mit einem konzentrierten Angriff auf den Reichskanzler. Er wollte die Vorlage prüfen vom Standpunkt des Rechts, der Loyalität und der berechtigten Freiheit einer großen Nation. Das Ausnahmegesetz hebe eine ganze Reihe feierlich beschworener verfassungsmäßiger Rechte auf, z. B. mindestens 7 Artikel der preußischen Verfassung. Es mache nicht Handlungen, sondern Meinungen und Gesinnungen strafbar, man dürfe sich keiner Täuschung hingeben: die politische Ausgestaltung, die herrschende Gesetzgebung und Rechtsordnung seien zuletzt immer nur *das Resultat der sozialen Lage eines Volkes.* Und wie sei bei uns diese Entwicklung gewesen? Er wolle nur den kurzen Zeitraum seit 1848 ins Auge fassen und sage: *ganz genau entsprechend der steigenden Macht des Kapitals.* Der Redner berief sich auf die drei Sätze des Rodbertus, die er für gut und beachtenswert halte. Er zitierte sie daher wörtlich.

„Das *Kapital* hat eine Gesetzgebung, welche immer zu größerer Bereicherung führt; der *Grundbesitz* hat eine Gesetzgebung, welche ihn zu immer größerer Verarmung zwingt, und die *Arbeit* sucht nach einer Gesetzgebung, welche sie vor Verarmung schützt."

Schorlemer klagte dann, indem er wieder ganz als Parteimann sprach, über die Riesenfortschritte des Unglaubens seit 1871, den unsinnigen Gedanken der Staatsreligion, die Verwendung des Reptilienfonds, der unsere Presse so korrumpiert habe, daß wir uns vor dem Auslande schämen müßten. In solchem korrupten Geiste seien auch die Auslassungen vom Bundesratstisch, das Unklarste, was er bisher gehört habe, gehalten, und eine horrendere Begründung sei ihm noch nicht vorgekommen als die des sächsischen Justizministers, der klargemacht habe, daß die Fassung des § 1 eine Funktion des Richters mit diesem Gesetze nicht zulasse, und daß man es eben deswegen in Hände legen müsse, welche von Bedenken, die ein Richter habe, frei seien. Zum Schluß kam er noch auf die geheimen Verbindungen zu sprechen, und daß man mit Schaffung eines Ausnahmegesetzes das Bestehen eines Ausnahmeprivilegiums für die *Freimaurer* verträglich halte. Er suchte zu beweisen, daß ein solches gegeben sei und warf die Frage auf, ob nicht etwa der scheußliche Nobiling ein Freimaurer gewesen sei. Erwähnenswert ist noch, daß der jüngere Reichensperger zum Verbote der Druckschriften darauf hinwies, daß Fürst Bismarck selber am 9. Februar 1876 sich dahin ausgesprochen habe, daß es in hohem Grade wünschenswert sei, dem utopischen Unsinn der Sozialdemokratie die größtmögliche Publizität zu geben, damit die Nation erkenne, wohin sie geführt werden solle, bis zu den Mordbrennereien der Kommune[1]. Damit möge man die Absichten und sicheren Wirkungen dieses Gesetzes vergleichen.

b) Die Fortschrittspartei.

Es bleibt noch übrig, die Opposition der Fortschrittspartei zu charakterisieren, die neben dem Zentrum und unabhängig von dem besonderen Interesse einer Kirche, der undankbaren Aufgabe ihre Kräfte widmen mußte, noch einen Rest des bürgerlichen Liberalismus zu retten und zu verteidigen. Sie hatte sich der Teilnahme an der Beschränkung der Rechte der *katholischen*

---

[1] Die Worte des Reichskanzlers waren: „Ich glaube, es wäre doch sehr viel nützlicher, die sozialdemokratischen Blätter mehr zu verbreiten und nachzudrucken“ und weiterhin: „Es sind das eben Gebilde, die von den Verführten nur im Dunkeln und unter der Blendlaterne des Verführers gesehen werden. Wenn sie hinreichend in die Luft und Sonne kommen, so müssen sie in ihrer Unausführbarkeit und verbrecherischen Torheit erkannt werden“.

Kirche, dem sogenannten Kulturkampf, nicht widersetzt; ja, der Name selbst war von einem der Ihren erfunden worden. Um so mehr ist die Stellung der Partei zum Sozialistengesetz bemerkenswert. Neben dem Abgeordneten SCHULZE-DELITZSCH, der bei der dritten Beratung gegen LASSALLE und gegen produktive Assoziationen mit Staatshilfe, also über den Kopf LASSALLES weg gegen BISMARCK, polemisierte und in der zweiten Beratung schon seine Genossenschaften, insbesondere die Kreditgenossenschaften, gegen das Gesetz zu schützen beflissen war, womit er einen kleinen Erfolg erzielte, waren es nur die beiden Parteiführer EUGEN RICHTER und ALBERT HÄNEL, die eine entschiedene Verneinung des Gesetzentwurfs, jener mehr vom politischen, dieser ganz und gar vom juristischen Standpunkte aus zur Geltung brachten. RICHTER sprach insbesondere zum § 6 (Verbot von Druckschriften). Wie immer kritisierte er scharf den berühmten Reichskanzler, der nicht gerade einen hervorragenden Anspruch darauf habe, anderen Parteien eine Neigung zur Diskreditierung von Behörden vorzuwerfen, denn er, BISMARCK, selber kritisiere sozusagen alles: nicht nur Gesetze, sondern auch Richtersprüche und Verwaltungsbehörden, ja er diskreditiere sogar unter Umständen seine Kollegen, die neben ihm auf der Ministerbank sitzen, und so sei er ja nunmehr beflissen, seine ganze ehemalige Gesetzgebung wieder aufzuheben. So sei die Fortschrittspartei gewissermaßen die alte Bismarckpartei — unrichtig sei daher der Vorwurf, daß sie eine negative Partei sei, bei den Wahlen seien sie immer gerade wegen ihrer *positiven* Haltung von konservativer Seite angegriffen worden, nämlich wegen ihrer entschiedenen Mitwirkung an der liberalen Gesetzgebung. Der Redner spottete, daß man noch vor wenigen Jahren Tugenden des deutschen Volkes übermäßig gepriesen habe, jetzt höre man bei jeder Gelegenheit die Franzosen zum Nachteile der Deutschen loben, so habe ja auch BISMARCK die Unzufriedenheit deutscher Bürger, insbesondere der *Bäcker*, arg getadelt. In Wahrheit sei bei diesen Schichten, den Klassen des bürgerlichen Fortschritts, auch sehr viel Sinn und Verständnis für politischen Fortschritt anzutreffen. Er ging dann auch auf LASSALLE ein, und die Ermutigung, die ihm zuteil geworden sei. Er gab zu, daß die positive Tätigkeit der katholischen Kirche dazu beigetragen habe, der sozialistischen Agitation einen Damm entgegenzustellen; er sei aber nicht der Meinung, daß die

Religion, der Glaube für die sozialistische Agitation schließlich dasjenige hauptsächliche Hindernis sei, wie es dargestellt werde. Denn durch die positiven Religionen werde weder eine bestimmte Regierungs-, noch eine bestimmte Wirtschaftsform vorgeschrieben: die Verwirklichung des sozialdemokratischen Programmes finde darum nach seiner, EUGEN RICHTERS, Überzeugung an keiner positiven Religion ein Hindernis. Eher würde es Erfolg haben, wenn man verstünde, den Kindern in der Schule beizubringen, daß diese Verwirklichung kein Fortschritt, sondern ein Rückschritt wäre. Sehr eingehend begründete er dann, daß seine Partei in bezug auf die Schätzung des Umfanges der Gefahr von keiner anderen sich unterscheide, sondern nur in bezug auf die Anwendung der Mittel. Er berief sich auf den Abgeordneten VON BENNIGSEN, der zum früheren Entwurfe richtig gesagt habe: was in der Öffentlichkeit bis zu einem gewissen Grade zurückgewiesen werden könne, das werde im geheimen wuchern und sich weiterfressen. Der Reichskanzler habe die Antithese aufgestellt: Wenn man die Regierung mehr fürchte als die Sozialdemokratie, so möge man das Gesetz ablehnen; wenn man aber die Sozialdemokraten mehr fürchte, so müsse man es annehmen. Er für seine Person müsse sagen, er fürchte die Sozialdemokraten mehr *unter* diesem Gesetz als *ohne* das Gesetz. Der kluge und erfahrene Parlamentarier meint schließlich nach einem Geplänkel mit dem Abgeordneten WINDTHORST über den wahren Sinn der Rede BENNIGSENS, die eigentliche Entscheidung werde erst in das Frühjahr fallen. Die Auflösung ziele ja weit über das Sozialistengesetz hinaus auf die fernere politische Entwicklung, auf den Moment, wo der Reichskanzler hervortreten werde mit dem bekannten Steuerplan, der darauf hinausgehe, das Volk steuerlich weit schwerer zu belasten und das Geldbewilligungsrecht des Reichstages mattzusetzen.

Wir übergehen hier das Intermezzo, das mit dem Eingreifen des Abgeordneten SONNEMANN gegeben war, der vom Fürsten BISMARCK die etwas verblümte Verdächtigung sich gefallen lassen mußte und mit guten Gründen abzuwehren bemüht war, daß seine, die „Frankfurter Zeitung“ mit der französischen Regierung in näherer Beziehung stehe. Er sagte, auf die Unabhängigkeit der Frankfurter Zeitung, auf seine persönliche Unabhängigkeit, werde selbst der mächtige Reichskanzler Fürst BISMARCK niemals einen

Schatten werfen können. Übrigens brachte der wohlunterrichtete und sehr gescheite Frankfurter auch starke sachliche Gründe gegen die Vorlage zutage, indem er leugnete, daß wirklich ein Bedürfnis für ein solches Gesetz vorhanden sei, da schon auf Grund des bestehenden sehr harten Versammlungsrechtes fortwährend Verurteilungen von Sozialdemokraten stattfänden, und daß im Augenblick in Deutschland 64 Sozialdemokraten wegen Preßvergehen und Vergehen bei Versammlungen im Gefängnisse säßen. Man überschätze überhaupt bedeutend den Wert des gesprochenen und geschriebenen Wortes in bezug auf Anreizung zum Aufruhr, und jedenfalls sei die Regierung mit Waffen aller Art reichlich ausgestattet; wenn auch die Dauer des Gesetzes auf $2^1/_2$ Jahre beschränkt werden würde (wie es geschah), so könne schon in dieser kurzen Zeit mit einem solchen Gesetz soviel Unheil angerichtet werden, „daß eine Generation daran zu denken haben wird"; die Stimmung im Volke für das Gesetz sei zum Teil künstlich gemacht worden. Das bekannte Telegramm über ein angebliches Verhör des NOBILING habe natürlich stark dazu gewirkt, „während es sich später herausstellte, daß NOBILING ein *Nationalliberaler* war". Da dies große Heiterkeit hervorrief, aber auch durch Zwischenrufe bestritten wurde, stellte der Redner den Zweiflern anheim, sich in Dresden zu erkundigen, man werde dann hören, daß er dort überall sich als Nationalliberaler geriert habe. Der Redner brachte noch manches Material über die Behandlung von Sozialisten und Kommunisten in anderen Ländern und polemisierte heftig gegen die nationalliberale Partei, insbesondere gegen den Abgeordneten LASKER.

Die bedeutendste Rede aber von freisinniger Seite wurde schon in der ersten Beratung (5. Sitzung vom 17. September) durch den Abgeordneten Dr. HÄNEL gehalten, der nicht nur als *Politiker*, sondern auch als Kenner und Theoretiker des Staatsrechtes nicht geringen Ansehens sich erfreute. Er legte die Alternative sogleich zugrunde: Wenn man der sozialdemokratischen Agitation entgegentreten wolle, ob man da nach Mitteln sich umzusehen gesonnen sei auf dem Boden des gemeinen Rechtes, oder auf der Grundlage des vorliegenden Gesetzentwurfes. Es verstand sich für HÄNEL von selbst, wie es für die Nationalliberalen unter Führung BENNIGSENS bei dem früheren Entwurfe sich von selbst verstanden hatte daß es nur auf dem

Boden der Gerechtigkeit, d. h. auf Grund allgemeingültiger Rechtssätze geschehen *dürfe.*

Wie eng oder wie weit man den psychologischen Zusammenhang zwischen sozialdemokratischen Agitationen und dem zweiten fluchwürdigen Attentat veranschlagen möge, so viel sei ganz gewiß, daß, wenn die ganzen Bildungsmittel der Nation, die sittlichen, die religiösen, die wissenschaftlichen, nicht ausreichten, um ein Verbrechen, wie es Nobiling, ein mit allen diesen Mitteln ausgerüsteter Mann, begangen habe, zu verhindern, daß dann kein Gesetz der Welt in der Lage sein werde, ein solches Verbrechen an solcher Person zu verhüten. Der Entwurf sei, wie der konservative Abgeordnete v. HELLDORFF richtig betonte, die konsequente und rücksichtslose Durchführung jenes Gedankens, der damals (im Mai) von der Mehrheit des Reichstages verworfen wurde. Es sei ganz fraglos, daß die Ermächtigungen des gegenwärtigen Entwurfes weitgehend genug seien, auch rein wissenschaftliche Untersuchungen zu treffen. Schon dann sollten Organisationen und Bestrebungen jetzt unter das Gesetz fallen, wenn sie sozialdemokratischen Gedanken *dienen,* nicht erst wie früher, wenn sie deren Ziele *verfolgen.* Der Gesetzentwurf sei schlechthin ein Parteigesetz, fast in zynischer Weise trage er die Tendenz der Parteiverfolgung an der Stirn. „Erlaubt und straflos bleibt für den Teil der Bürger, der einer bestimmten Partei nicht angehört, das gleiche, was für einen anderen Teil unter Einhaltung derselben Grenzen um ihrer Parteistellung willen verboten und strafwürdig wird.“ Parteigesetz sei der Entwurf vor allen Dingen darum, weil seine gesetzgeberischen Motive weiter reichen als auf die Sozialdemokratie. Es sei noch schlimmer als ein Parteigesetz, denn es sei ein *Tendenzgesetz,* sofern es die konstituierenden Momente unserer religiösen und politischen Glaubensfreiheit antaste, deren einzig wahrer Sinn sei, „daß die herrschende Gesellschaft und die herrschenden Staatsgewalten nicht berufen sind, ein Urteil darüber auszusprechen, ob eine bestimmte Lehre unsittlich, ob sie staatsuntergrabend, ob sie rechtlich verwerflich sei“. Nur wenn eine Lehre sich umsetze in eine strafbare Tathandlung nach allgemein zu charakterisierenden Rechtssätzen, sei die Grenze der Lehrfreiheit gegeben. Er für seine Person anerkenne im rechtlichen Sinne kein Recht der Revolution, und er sei nichts weniger als Atheist, aber solche Lehren müßten mit geistigen

Mitteln gereinigt werden, wie auch Luther das in betreff der Ketzerei verlangt habe. — Der Gesetzentwurf sei auf diesen seinen Grundlagen völlig unverbesserlich. Es sei ein psychologisches Gesetz, daß solche Repressivmaßregeln und ihre Handhabung auf Sympathie niemals, sondern immer nur auf die Antipathie der Bevölkerung zählen können. Politisch könne nur der Erfolg und die Gewißheit des Erfolges den Gesetzentwurf rechtfertigen; habe man diese Sicherheit *nicht*, so sei es einer der gröbsten politischen Fehler, die jemals gemacht wurden. Er glaube an den praktischen Erfolg nicht. Sein eigener Vater (offenbar der Stiefvater Hänels, Heinrich Laube) habe um seiner liberalen und schwarzrotgoldenen Ideale willen die schwerste Verfolgung erlitten, die dem unbemittelten Manne alle Quellen seines Erwerbes abschnitt für seine literarische Produktion, mit der er sich durch das Leben schlagen wollte. Der habe ihm vor wenigen Tagen gesagt: „Tut es nicht, ich habe es an mir erfahren: derartige verfolgende Tendenzgesetze, sie spannen jeden Nerv in dem getroffenen Manne, sie blasen jeden Funken seines Talentes an, sie werben ihm Anhänger in Reihen, die ihm sonst vollständig unzugänglich bleiben ... wir sind zu einer Bedeutung geworden, wir haben uns gekräftigt und gestärkt durch die Verfolgungen, wie wir es nie gekonnt hätten bloß kraft unseres Talentes und nur kraft der inneren Wahrheit unserer Glaubensbekenntnisse." Wolle man etwa leugnen, daß mit den sozialistischen Erscheinungen, abgesehen von ihren verwerflichen Agitationsmitteln, wirklich eine tiefe geistige Bewegung verbunden ist? Dann mache man die Augen mit beiden Händen zu. Er sage getrost, daß die Besten aller Zeiten und aller Völker dies sozialdemokratische Problem bearbeitet, untersucht und durchforscht haben. „Es ist ein Kernpunkt geistiger Bewegung darin, und die Agitation, die sich darum hüllt, ist in der Tat nur die garstige und rohe Schale." Jede Erfahrung spreche dagegen, daß es gelingen werde, dies bewegende Prinzip der gesamten sozialen Agitation zu unterdrücken. Hänel erklärte sich bereit, auf jeden ihm annehmbaren Vorschlag einzugehen, mit dem man auf dem Boden des gemeinen Rechtes und ohne Rücksicht auf Parteistellung die Ausschreitungen der Rede- und der Schreibfreiheit werde hemmen wollen. Er widmete den Rest seiner Rede einer sachlichen Prüfung des Problemes, aus welchen Ursachen die keineswegs einfache, sondern äußerst komplizierte Erscheinung (dieser Partei) zu erklären sei. Er wies zuerst hin auf die beiden großen Kriege, durch die in weiten Bevölkerungsschichten Bande der Autorität und der Anhänglichkeit zersprengt worden seien. Er wies hin auf die ökonomische Entwicklung nach dem Kriege — man habe eine Anstachelung des Eigennutzes, der Habsucht, (eine Vermehrung) des arbeitlosen Reichtums in unseren gebildeten und höheren Klassen sich entwickeln sehen, „die wahrhaft abschreckend waren“. Ob man zu behaupten wage, daß die häßlichen Erscheinungen in unseren tieferen Gesellschaftsschichten nicht auch Reflexwirkungen dessen seien, was damals in den gebildeten und höheren Klassen vor sich ging? — Dann sei der Kulturkampf gekommen. Er, Hänel, habe ihn mitgekämpft, aber er verschließe sich nicht der Tatsache, daß auch durch ihn heilige Gefühle verletzt, Autoritätsverhältnisse schwer geschädigt worden seien. Die Hemmungen unseres Staates aus der Parteibildung, aus der Stellung des Reichstages zur Regierung habe neulich, bei Gelegenheit des ersten Entwurfes Herr v. Bennigsen, der doch wahrlich nicht zur Opposition gehöre, in drastischer Weise geschildert; auch das sei nicht geeignet, die Zuversicht in die Macht und die Kraft der bestehenden Autoritäten zu erhöhen. Alles in allem könne er, Hänel, in der sozialdemokratischen Bewegung nur ein Moment in der Unruhe der gegenwärtigen Zeit widerfinden, und darum sei es nicht gerechtfertigt, auf dies eine Moment die ganze Gewalt der politischen Aktion zu wenden, anstatt zu versuchen, innerhalb gemeingültiger Formen die notwendigen Schranken zu ziehen und mit aller Energie auch jenen anderen Ursachen der Zersetzung unserer gesellschaftlichen Ordnung entgegenzutreten. — Und was die sozialdemokratischen Agitationsmittel betreffe, so sei es leider nur zu wahr, was Herr Bebel gesagt habe: daß ihre Waffen nicht nur geschmiedet seien, sondern zu einem guten Teil auch heute noch geübt würden in den sog. Ordnungsparteien und in den höheren Schichten der Gesellschaft. Der Redner führte das besonders aus in bezug auf die Untergrabung der Religion: die darin zutage tretende Richtung stamme aus unserer Literatur und aus dem Verhältnis der gebildeten Klassen zu den Kirchen, denen sie angehören. Er führte es aus in betreff der Ehe und Familie — „sehen Sie die Literatur an, die täglich der gebildete Stand in Händen hat, wollen Sie sagen, daß nicht herab bis zu den Annoncen gewisser Zeitungen ...

Unterwühlung des Ansehens und der Heiligkeit jener höchsten Güter unserer Nation geschehe?!" Roher und fratzenhafter trete das freilich wohl in jenen sozialdemokratischen Agitationsreden auf. Aber der materialistische Zug sei ihnen mit der Realpolitik der anderen Parteien gemein, und gerade in der letzten Wahlbewegung seien zwischen den Parteien ebenso verletzende, ebenso häßliche Lügen, Verleumdungen, perfide Unterschiebungen gegen die Person ausgetauscht worden — auch die offiziöse Presse habe von dieser Kampfesweise sich nicht ferngehalten. Was die sozialdemokratische Agitation Besonderes und Empörendes an sich habe, das sei eben nur die zynische, rohe Form, der man sich bediene, und in Verbindung damit als ein spezifisches Agitationsmittel die Aufreizung zum Klassenhaß. Analogien dazu seien aber wiederum auch in unseren Ordnungsparteien zu finden[1]. — Hänel schloß damit, seine innersten sittlichen Gefühle empörten sich dagegen, daß man einseitig gegen die Sozialdemokratie da vorgehe, wo man ehrlich sagen müsse, wir seien alle Sünder. Er wolle also auch aus sittlichen, nicht nur aus rechtlichen Gründen, daß der Boden des gemeinen Rechtes nicht verlassen werde, und in diesem Sinne rohen Ausschreitungen der Agitation entgegenzutreten werde man ihn und seine Parteifreunde immer bereit finden. —

An der Abstimmung über das Gesetz beteiligten sich 370 Mitglieder des Reichstages, von denen 221 gegen 149 das Gesetz gegen die gemeingefährlichen Bestrebungen der Sozialdemokratie durchbrachten, das gemäß seinem § 22 sofort in Kraft trat (am 19. Oktober 1878).

IV. Die Verlängerungen.

Am deutlichsten machten es die Berichte des preußischen Staatsministeriums über die Anordnungen, die es mit Genehmigung des Bundesrates auf Grund des ersten Absatzes des § 28 getroffen hatte, daß das Gesetz in den ersten zwei Jahren seiner Geltung keine oder vermutlich (wenigstens für die große Menge des Publikums) recht unerwünschte Wirkungen gehabt hatte. So konstatierte der Stellvertreter des Reichskanzlers am 21. November 1881,

---

[1] Der Antisemitismus hatte damals viele Jahre lang geruht. Er zeitigte erst unmittelbar nach dem Erlaß des Sozialistengesetzes seine übelriechenden Früchte.

indem er Rechenschaft über die Anordnungen der preußischen, der sächsischen und der hamburgischen Regierung zu geben hatte, daß die Bewegung keineswegs erloschen oder auch nur an der Wurzel angegriffen sei; die alte, den Reichstagswahlkreisen sich anschließende Organisation sei nach wie vor in Kraft geblieben. In einem anderen Bericht hieß es, die radikale und extreme Richtung trete stärker zutage, nachdem die Bewegung „mehr aus der Öffentlichkeit zurückgedrängt" worden sei. In der Beratung solcher Denkschriften meinte der Abgeordnete HASENCLEVER, es seien viele unsichere Kantonisten, besonders auch Studenten, „die den Sozialismus als Sport betrieben", abgeschreckt, und ein gesunder fester Kern, ebenso stark wie zuvor, sei geblieben. Wenn ein preußischer Bericht klage, daß u. a. die „Preßorgane der Partei" sich überbieten, den Fürstenmord zu verherrlichen, so seien jene in London geschriebenen Blätter, von denen man vermuten möchte, daß irgendein Polizeiagent sie ins Leben rufe, um der deutschen Regierung die Waffe in die Hand zu drücken, jedenfalls erst durch das Ausnahmegesetz hervorgerufen worden, und die Partei habe überhaupt kein Organ[1]. — Schon im Jahre vorher mußte das Gesetz, dem zunächst eine $2^1/_2$jährige Dauer bewilligt war, erneuert werden. Dies geschah am 4. Mai 1880. Nun beteiligten sich aber nur 285 Mitglieder an der Abstimmung, und es standen 191 Stimmen gegen 91. Zu den Bejahern gehörten nun auch einzelne Mitglieder des Zentrums, an ihrer Spitze Dr. Freiherr v. HERTLING, aber den Verneinern hatte sich Dr. LASKER angeschlossen. Ohne Entschuldigung fehlten 44, krank hatten sich 13 Mitglieder gemeldet. So war zwar das Verhältnis der Ja-Stimmen zur Gesamtzahl der Abstimmung (1878: 221:370) von 60 auf 67 vH gestiegen, aber diese Gesamtzahl selbst war von 370 auf 285 oder um 23 vH gefallen, an der Zahl der Mitglieder des Reichstages gemessen von 93 auf 71 vH[2]. — Am 12. Mai 1884 geschah die zweite Verlängerung, nachdem die entscheidende Abstimmung schon zur zweiten Lesung stattgefunden hatte, und zwar stimmten von 347 Mitgliedern 189 mit Ja, 157 mit Nein: die Mehrheit war also diesmal nur 54,4 vH. Auch wurde nunmehr die Gültigkeitsdauer auf zwei Jahre beschränkt.

---

[1] Sitzung vom 10. Dezember 1881.
[2] 5. Legislatur-Per. I, Anlagen S. 29.

An der Abstimmung über die dritte Verlängerung am 2. April 1886 nahmen 310 Mitglieder teil, von denen 4 sich ihrer enthielten, 169 mit Ja und 137 mit Nein stimmten, also wieder eine knappe Mehrheit von 54,5 vH sich ergab. Die Zahl der Abstimmenden hatte sich wieder um 41 = 11,8 vH vermindert. Endlich erfolgte auch für die vierte und letzte Verlängerung schon nach der zweiten Lesung die entscheidende Abstimmung — am 13. Februar 1888 — diesmal nahmen nur 244 Abgeordnete teil: es waren 61 beurlaubt, und 54 fehlten ohne Entschuldigung. Mit Ja stimmten 164 = 67,2 vH. Die Mehrheit war also diesmal, weil die Verneinenden so wenige geworden waren, wieder bedeutend, aber die Präsenz gering. Die Gleichgültigkeit hatte offenbar zugenommen. Die Verlängerung auf 5 Jahre nebst mehreren Verschärfungszusätzen wurde aber abgelehnt, u. a. die Verbannung für Teilnahme an einer Verbindung, zu deren Zwecken oder Beschäftigungen es gehöre, die Vollziehung dieses Gesetzes oder auf die Ausführung desselben bezügliche Maßregeln der Verwaltung durch ungesetzliche Mittel zu verhindern oder zu entkräften. Die Begründung selber nannte diese Maßregel eine „außerordentliche und einschneidende". Auch der am 26. Oktober 1889 vorgelegte neue Entwurf wollte eine Erneuerung mit unbegrenzter Dauer, verzichtete zwar auf Verbannung, wollte aber die Ausweisungsbefugnis der Polizei verschärfen. Die Beschlüsse der zweiten Lesung lehnten diese Verschärfungen ab, und am 25. Januar 1890 wurde der ganze Entwurf mit 169 gegen 98 Stimmen abgelehnt. Das war das Ende des Sozialistengesetzes.

Es ginge über den Zweck dieser Darstellung hinaus, auch über die ausgedehnten Debatten eingehend zu berichten, die durch die jedesmalige Erneuerung und die zum Teil noch interessanteren, die durch die Rechenschaftsberichte der Staatsregierungen hervorgerufen wurden. Viele Argumente für und wider wurden natürlich erneuert, die Parteihäupter blieben zumeist dieselben, aber auch neue Gestalten und Redner traten auf. Die sozialdemokratische Partei hatte schon durch die Wahlen von 1881 den Bestand von 12 Mitgliedern wiedergewonnen und konnte ihn 1884 verdoppeln, aber diese Zahl wurde durch die Boulange, d. h. die begründeten Kriegsbefürchtungen, die der damalige französische Kriegsminister hervorrief, nach Auflösung des Reichstages wieder auf 11 zurückgeworfen. Neue Männer traten auf: so Vahlteich, den sie den roten Postmeister nannten, weil er es verstand, viele Tausende von Exemplaren des neuen Parteiorganes über die Grenze zu befördern. Er wußte bei Gelegenheit der zweiten Erneuerung (10. Mai 1884) darzulegen, daß „die Revolution im alten Sinne, mit Barrikaden u. dgl. bei der Vervollkommnung der Waffen und der Ausbildung des modernen Militarismus schon aus rein technischen Gründen unmöglich sei, und daß die Sozialdemokratie niemals die Revolution im Heugabelsinne wollen könne. Als hervorragender Führer trat dann (seit 1884) PAUL SINGER auf, der unermüdlich die dubiose Praxis des neuen preußischen Polizeiministers v. PUTTKAMER (zuvor Kultusminister als Nachfolger FALKS!) enthüllte und angriff: dieser hatte das Spitzelunwesen, das auch in der Gestalt der *Agents provocateurs* nicht selten auftrat, zu einer üblen Blüte entwickelt.

V. Urteil.

a) Die Lage der Dinge 1871.

Um das Sozialistengesetz richtig zu verstehen, muß man in die Zeit seines ersten Werdens sich zurückversetzen, und das kann man besser, wenn man sie erlebte. In den Verhandlungen finden wir oft erwähnt, daß man in einer trüben Zeit, in den unerfreulichsten inneren Zuständen lebe, die von den ganz Einfältigen einfach der sozialdemokratischen Bewegung und Erregung zugeschrieben wurden. Der Abgeordnete HÄNEL und einige andere Herren gaben bessere Einsichten kund. Mit ihnen begegnen wir uns, wenn wir heute, nach 50 Jahren, zurückblicken in jene verworrenen Tage.

Jedermann weiß es, daß der Siegesrausch, der den großen Erfolgen und der Neubegründung des Deutschen Reiches in weiten Kreisen, zumal in der Hauptstadt und einigen anderen großen Plätzen folgte, nicht durchaus gesund war, wie denn Räusche es wohl selten sind. Von der Gründerzeit hat jeder gehört. Man macht sich vielleicht von ihrem Wesen nicht ganz richtige Vorstellungen. Es war nur eine kurze Weile, nach dem Frankfurter Frieden vom 10. Mai 1871 kamen zwei Jahre eines unerhörten wirtschaftlichen Aufschwunges und Taumels, und es war eine Orgie des Kapitalismus, der zum ersten Male in seiner gigantischen Gestalt dem deutschen Volke erschien, und das deutsch-österreichische Volk hatte so lebhaften Anteil daran, wie das des neuen

Reiches, obgleich es an Krieg und Sieg keinen Teil gehabt hatte. Dort wie hier hielt jeder, der in Geschäften irgendwie tätig war, wenn auch nur als Inhaber von Aktien, sich für bereichert und fortwährend reicher werdend: der Kurszettel bestätigte es ihm alle Tage, unzählige Werke und Geldinstitute „warfen Junge", wie es in der Börsensprache hieß, d. h. es wurden neue Aktien angeboten und von den alten Aktionären gierig aufgenommen, da sie auf den Markt gebracht, ohne weiteres um 40—50 vH oder mehr teurer waren. Natürlich stiegen auch die Löhne, die Einwohnerzahlen der größeren Städte schwollen, diejenige Berlins vor allem, die zugewanderten Einwohner, in dichten Scharen aus dem dunklen und armen Osten kommend, heirateten jung und hatten bald die engen dumpfen Wohnungen trotz hoher Säuglingssterblichkeit von Kindern erfüllt. Denn eine bittere *Wohnungsnot* war unmittelbar nach dem Kriege, wenn auch nicht in dem Ausmaße unserer neueren Erfahrungen, vorhanden. Schon im August 1870 schrieb ein ernster Mann — er stand der Sozialdemokratie völlig fern — vor dem äußeren Feinde dürfe man schon sich sicher fühlen, es sei aber noch bei weitem nicht gelungen, den viel schlimmeren inneren Feind zu überwinden, der unser gesamtes öffentliches Leben zu zersetzen und unsere gesamten gesellschaftlichen Zustände langsam aber sicher aufzulösen drohe. Er verstand unter diesem inneren Feind nicht, wie es später üblich wurde, die sozialdemokratische Partei, auch nicht den Ultramontanismus, sondern er meinte die soziale „Frage", die wie ein schwüles und dräuendes Unwetter ununterbrochen über unseren Häuptern schwebe, wie eine verborgene und unentdeckbare Krankheit an unserem Lebensmarke zehre. Nur *eine*, wenn auch unmittelbar die wichtigste Seite der sozialen Frage wollte der Verfasser zum Gegenstand seiner Untersuchung und Therapie machen. In größerem Stile unternahm dasselbe ein bald nachher verstorbener junger Gelehrter, dessen sozialwissenschaftliche Arbeit zu großen Hoffnungen berechtigte. Dr. ERNST BRUCH schrieb im Städtischen Jahrbuch für Volkswirtschaft und Statistik, das damals (1872) im 6. Jahrgang vom Statistischen Bureau der Stadt Berlin herausgegeben wurde, über „Wohnungsnot und Hilfe". Der Aufsatz berichtet über Barackenstädte des Proletariats und Barackenschulhäuser der Stadtgemeinden: öffentliche Wohnungsauktionen rationeller und geheime Submissionen noch spekulativerer Hauswirte seien die bis dahin unerhörten Auswüchse des Krankheitsstoffes. „Kurze Kontrakte, regelmäßige Steigerungen, Furcht vor Exmission, jährlicher Umzug sind die geheimen schleichenden Gifte, welche an dem Marke unseres Volkes zehren.“ Es sei bekannt geworden, daß im ersten Quartale des Jahres ca. 49000 Familien in Berlin eine Mietssteigerung erfuhren, und von diesen seien 26000 umgezogen. Es sei zur Zeit den körperlichen und geistigen Lohnarbeitern, namentlich den Fabrikarbeitern, kleinen Handwerksmeistern, Lehrern und Beamten nur mit den größten Opfern, die sie ihrer menschenwürdigen Existenz schuldig seien, möglich, in den großen Städten, namentlich in Berlin, zu wohnen. „Unsere ganze Produktionsweise begünstigt das Kapital und vernachlässigt die Arbeit“ ... Das war in der Zeit des Aufschwunges.

b) Die Krise.

Aber bald kam der *Niedergang* — schon im Mai 1873 ein Vorspiel in Gestalt des Wiener Börsenkrachs. Aber erst von 1875 an wurde es schlimmer und schlimmer. Eine Handelskrise von einem Umfange, wie man sie noch nicht gekannt hatte, die rasch über ganz Europa und die Vereinigten Staaten wie auch andere Kolonialländer sich ausbreitete. Das ganze Deutschland stürzte mit einem Male, wie es der Amerikaner David A. Wells in seinem 1890 erschienenen Buche „Recent Economic Changes“ ausdrückt, aus einem Zustande scheinbar großer Prosperität in eine Tiefe finanzieller, industrieller und kommerzieller Depression, wie sie niemals zuvor dagewesen war. Der Umschlag der Stimmungen in den Schichten der städtischen Bildung und des Wohlstandes bleibt für den unvergeßlich, der ihr Zeuge gewesen ist; denn er bedeutete eine schwere Entmutigung für uns, die wir damals jung waren. Einige Daten mögen diesen Wandel illustrieren. Der Wert sämtlicher Bergwerkserzeugnisse im heutigen Deutschen Reiche (respektive Zollgebiet) betrug (nach den amtlichen Statistiken) im Jahre 1873 (es war ein Höhepunkt, der noch 1888 nicht wieder erreicht war), über eine halbe Milliarde in Mark. Er sank unablässig und mit zunehmender Geschwindigkeit, bis er 1879 viel weniger als $^1/_3$ Milliarde betrug. Ebenso hatte die Förderung des Metallhüttenbetriebes im Jahre 1873 einen Höhepunkt erreicht, der freilich 1875 noch um ein geringes stieg, mit dem Werte von über 100 Millionen. Auch dieser sank in den nach 1875 folgenden

Jahren unablässig, bis er 1879 wieder unter 100 Millionen Wert betrug. In Wahrheit war es die Eisenindustrie, die in den Jahren des Aufschwunges eine ungeheure Expansion erfahren und nun sehr schwer zu leiden hatte. Die Zahl der Hochofenwerke hatte gleichfalls im Jahre 1873 einen Höhepunkt von 244 erreicht und war 1879 auf 127 gesunken, die mittlere Belegschaft von 28129 auf 17386, die im Betriebe befindlichen Hochöfen von 379 auf 210. Die Industriellen gaben dem Freihandel die Schuld, und doch hat der genannte Amerikaner völlig recht, wenn er darauf aufmerksam macht, daß die freihändlerischen wie die schutzzöllnerischen Länder, diejenigen die in Kriege verwickelt waren und die es nicht waren, diejenigen mit stabiler und die mit unstabiler Währung — alle gleichermaßen unter dieser Krisis litten, die auch im deutschen Zollgebiet durch den neuen Tarif zwar ein wenig hingehalten aber nicht geheilt wurde. Und nun die Arbeiterklasse!

Sie war bei weitem noch nicht so zahlreich wie heute im Verhältnis zur Menge der Handwerker und kleinen Unternehmer, insonderheit die industrielle Arbeiterklasse; aber ihre Lohn- und Arbeitszeitverhältnisse waren bekanntlich sehr viel schlechter. Die genaue Kenntnis davon ist schwer zu erlangen, und soweit man sie hat, sehr mangelhaft, indessen kann man einen leidlichen Maßstab gewinnen durch Mitteilungen, die sich im Statistischen Jahrbuch der Stadt Berlin finden, das seit dem Jahre 1877 von Richard Boeckh, dessen Name auch heute noch den besten Klang hat, herausgegeben wurde. Diese Nachrichten beziehen sich nur auf die Löhnungen der Maurer und Zimmerer und dürfen als zuverlässig gelten, hergeleitet wie sie sind aus Berichten des „Bundes der Bau-, Maurer- und Zimmermeister“. Danach waren z. B. von der Gesamtheit der Maurerpoliere (2251) im Jahre 1875 nur 668 mit Stundenlöhnen über 60 Pf. (Max. 75 Pf.) beschäftigt, dagegen 838 zu diesem mittleren Satz, der Rest, also 745, zu niedrigeren Stundenlöhnen; ähnlich war es bei den Zimmerpolieren. Die beschäftigten Maurer*gesellen* zählten in diesen zwölf Monaten 18387, von denen waren nur 430 zu Stundenlöhnen von über 50 Pf. beschäftigt, dagegen bei weitem die größte Menge, nämlich 17347, zu 45 und zu 48 Pf. Unter den Zimmergesellen waren die Verhältnisse noch etwas schlechter. Für das Jahr 1876 wird als Durchschnitt, bei zehnstündiger Arbeitszeit, für Maurerpoliere ein Tagelohn von 5,93 M., für Zimmerpoliere 5,55 M., für

Maurergesellen 4,22 M., für Zimmergesellen 4,31 M., für Hilfsarbeiter 2,79 Mk. angegeben. Es versteht sich, daß mit dem Ausbruch und der Verschärfung der Krise diese Lohnverhältnisse nicht besser wurden, ganz abgesehen von der gesunkenen Nachfrage nach Arbeitskräften. Für das Jahr 1879 hat der genannte Bund angegeben, daß — wiederum für den zehnstündigen Arbeitstag, der Lohn der Maurerpoliere 5,35 M., für Zimmerpoliere 5,25 M. betrug, für Maurergesellen 3,13 M., für Zimmergesellen 3,27 M. Der durchschnittliche Tagelohn für Hilfsarbeiter war auf 2,10 M. gesunken. Es war also gemäß diesen von den Arbeitgebern bezeugten Lohnsätzen der Lohn der Poliere um 6—10 vH, der der Gesellen um 25 vH oder rund um ein Viertel gesunken. Bekanntlich haben die Bauarbeiter immer verhältnismäßig hohe Löhne, weil sie schon aus Gründen des Wetters viele Tage brach liegen. Und dies waren Löhne in der Hauptstadt, wo naturgemäß der Geldlohn durch die Preise der Lebensmittel höher ist als in den meisten anderen Städten. Inzwischen waren zwar auch die Kleinhandelspreise von 1876—1879 für Schweinefleisch und Speck, Eier und Mehl etwas gefallen, aber für Rindfleisch, Kalbfleisch, Hammelfleisch gestiegen, die Kartoffelpreise kaum verändert. Einen leidlichen Maßstab für die Masse des Elendes, wie es in der Hauptstadt sich versammelte, gewinnen wir auch aus der Frequenz des Asyls für Obdachlose, wo das Jahr 1873 einen monatlichen Durchschnitt von 3846, das Jahr 1878 von 11497 aufweist, die Menge hatte sich also verdreifacht. Und besonders merkwürdig ist es, daß die größten Steigerungen in den Monaten April und Mai und noch mehr Juli—August und September, nämlich von 2535 auf 16718 stattgefunden hatte. Übrigens wird jeder, der die Zeit erlebt hat, sich erinnern, in welcher Gestalt damals die Bettelei und Vagabundage auftrat. Es war ein alltägliches Thema der Unterhaltung, wie der Landplage beizukommen sei, und daß sie immer ärger werde. Es wurden Vereine gegen Verarmung und Bettelei gegründet; man schlug die Schilder, die anzeigten, daß man einem solchen angehörte, an die Haustüren; man richtete Arbeiterkolonien ein, und an Gebeten und anderen Frömmigkeiten war Überfluß. Aber besser wurde es nicht. Tausende sind durch das Leben auf der Landstraße, durch fortwährende Haftstrafen, durch Schnaps und durch Hunger umgekommen. Eine wirkliche Erholung trat erst im Jahre 1888 ein, also im zehnten

Jahre nach Erlaß des Sozialistengesetzes. Man muß, um die Sache richtig zu würdigen, der Tatsache eingedenk sein, daß es keine Art von regelmäßiger und auch nur ein bescheidenes Dasein zumal für die Familie sichernder Hilfe gab. Keine oder sehr wenige leistungsfähige Gewerkvereine und Gewerkschaften; für den Arbeitslosen gab es nichts als Bettelei und Armenpflege, das Werkhaus war die letzte Zuflucht für den Invaliden und den Greis[1].

c) Die Stimmungen.

In diese trostlosen Zustände fielen die beiden sinnlosen Attentate plump hinein, die das Leben des alten Herrn bedrohten, der sieben Jahre früher als deutscher Kaiser begrüßt worden war. Daß die beiden Frevler mittellose Desperados waren, bedeutet wenig. Es gibt solche zu allen Zeiten, damals vielleicht in ungewöhnlicher Menge, und die Fälle machten in erschreckender Weise darauf aufmerksam, daß die Zustände danach angetan waren, ganze Massen solcher Verzweifelter und aus Verzweiflung zu allem fähiger Existenzen zu gebären. Darum erregten sie neben dem natürlichen Mitgefühl für den 81jährigen Mann, neben dem Zorn, der Entrüstung über die Nichtswürdigen, die es gewagt hatten, das ehrwürdige und wie viele meinten geheiligte Haupt des Monarchen anzutasten — außerdem auch Angst und Schrecken, vor dem, was da kommen möchte, wenn so etwas möglich war[2]. Eine Besinnung gab es da nicht. Schon die Erinnerung

---

[1] Wenn der Abgeordnete Löwe-Calbe von den gesteigerten Lebensansprüchen der Arbeiter seit 1848 sprach, so hatte er gewiß recht, obwohl seine Beobachtungen beschränkt-lokale waren. Er vergaß aber, daß die Arbeiter damals noch zum guten Teil Handwerksgesellen waren, von denen recht viele noch hoffen durften, die Meisterschaft zu erlangen, und daß dies zwar für gar manche dann — infolge der wachsenden Konkurrenz der Fabriken, die für sie tödlich war (abgesehen von allgemeinen und alten Ursachen) — einem dürftigen Dasein entgegengingen, zumal nach Einführung der Gewerbefreiheit; aber die Aussicht auf Unabhängigkeit machte doch ihre damalige Lage erträglicher. Der wohlwollende Mann übersah also, daß die Zahl der lebenslänglichen Lohnarbeiter unablässig größer geworden war (absolut und relativ) und daß sogar die zeitweilige Erwerbslosigkeit den kleinen Handwerker, der in kleinen Städten wenigstens sein Wohnhaus, dann oft auch einen kleinen Garten besitzt, nicht ebenso schwer belastet wie den auf die Straße geworfenen Lohnarbeiter.

[2] Der alte Soldat selber glaubte so wenig an „Roß und Reisige“, die steile Höhe zu schützen, auf der er stand, als an die Methoden der Polizei: wenn aber etwas geschehen sollte, so dachte er ganz richtig, daß die Maßregeln international sein mußten. Der greise Wilhelm I. hat nach der Ermordung des Zaren Alexander II. ein eigenhändiges Schreiben an Bismarck gerichtet

daran, daß immer und überall Personen, die in großer weithin sichtbarer Höhe ihren Platz haben wie der Kritik so auch dem tätlichen Angriff mehr ausgesetzt sind als die Millionen dunkler Privatmänner selbst in den höheren Schichten der Gesellschaft — schon eine solche Hinweisung wurde als nichtswürdig zurückgewiesen und erregte den Verdacht der geheimen Sympathie mit den verabscheuten Individuen. Darum war schon Bismarcks Telegramm nach dem ersten dieser Frevel: „Ausnahmegesetz gegen die Sozialdemokratie“ sehr weiten Kreisen willkommen, vollends dann die Auflösung des Reichstages nach der zweiten dieser Untaten.

d) Bismarck.

Am 13. Juni, also am 12. Tage nach dem zweiten Attentat trat der *Berliner Kongreß* zusammen, dem der deutsche Reichskanzler präsidierte. Der Erfolg des Kongresses brachte den schon bisher so erfolgreichen berühmten Mann auf den Gipfel seines Ansehens. Dies hat, wie es scheint, auch dazu beigetragen, weitere Kreise als bisher zum Glauben an die Unfehlbarkeit seiner inneren sowohl als äußeren Politik zu bekehren. Denn die abgelenkte

— dieser teilte es in der Reichstagsitzung vom 9. Mai 1884 mit —, worin er aussprach, der über ganz Europa verbreiteten Anregung zu Mordversuchen aus politischen Gründen gegen Souveräne und Personen aller Stände könne nur durch gemeinsames Handeln der Großmächte Einhalt geschehen. In diesem Schreiben heißt es auch: „*Sie wissen, wie ich über Attentate denke und daß Polizeimaßregeln gegen dieselben nicht schützen können,* wie dieser Mord des Kaisers Alexander von neuem beweißt.“

Bismarck wußte es und hatte niemals dem Reichstag über diese vernünftige Ansicht seines Herrn ein Wort gesagt. Jetzt, wo ihm dazu ein „Sehr richtig“ von links entgegentönte, schob er ein: „Aber doch etwas vorbauen, damit sie seltener versucht werden“ — das nämlich könnten Polizeimaßregeln, die ja in Wirklichkeit dazu aufreizten! —. Der berühmte Reichskanzler konnte es sich leisten, über die einfache Tatsache hinwegzusehen, daß im Deutschen Strafgesetzbuch (§ 80) der Mord und der Versuch des Mordes, die am Kaiser, am eigenen Landesherrn oder (sogar!) während des Aufenthaltes in einem Gliedstaate an dem Landesherrn dieses Staates verübt worden sind, „als Hochverrat“ mit der Todesstrafe bedroht waren — von den übrigen Strafbestimmungen in §§ 81, 82, 94 ff. zu schweigen —. In derselben Rede sprach Bismarck die bedeutenden Worte: „Geben Sie dem Arbeiter das Recht auf Arbeit, so lange er gesund ist —, sichern Sie ihm Pflege, wenn er krank ist, sichern Sie ihm Versorgung, wenn er alt ist . . “ dann, meinte er, würden die Herren vom Wydener Programm ihre Lockpfeife vergebens blasen . . Er kannte die Arbeiterbewegung zu wenig, um zu sehen und zu fühlen, dass *seine* Lockpfeife, im Getümmel der Ausweisungen und willkürlichen Bestrafungen ertönend, nicht einmal gehört wurde, geschweige, daß sie hätte wirken können.

Aufmerksamkeit hatte, nachdem die Befürchtung einer Lebensgefahr für das Oberhaupt des Reiches gewichen war, schon merklich nachgelassen, etwa wie das Entsetzen über ein öffentliches Unglück der Eisenbahn oder einen untergegangenen Passagierdampfer, Erregungen dieser Art halten sich auf ihrer Höhe (im stärksten Falle) etwa 1—2 Wochen. Der Ausgang der Neuwahlen, die am 30. Juli stattfanden, war nicht bloß Wirkung jener angeschwollenen Gefühle, sondern ein persönlicher Erfolg Bismarcks, der von nun an, was bei dem hohen Alter des Kaisers und Königs um so leichter erklärlich war, fast als Alleinherrscher im Reiche walten und die Reichsgesetzgebung nach seinem Willen zu lenken vermochte. Groß war naturgemäß sein Ansehen schon nach den siegreichen Kriegen gewesen; aber in der heutigen Meinung wird es oft zu hoch geschätzt. Der große Feldherr Moltke war mindestens ebenso populär, und Bismarck hatte unter den Konservativen leidenschaftliche Gegner, ja Feinde, die in der Kreuzzeitung ihrer Abneigung freien Lauf ließen und die „Ära Bleichröder, Delbrück, Camphausen" in der giftigsten Weise anklagten, und dann, als der mächtige Mann auf die Kreuzzeitung seinen Bannfluch schleuderte, diese durch eine lange Reihe von Unterschriften der junkerlichsten Junker zu verteidigen unternahmen, das war im Jahre 1875. Die Liberalen aber — und in den „Nationalliberalen" hatte er seine sicherste aber von ihm um so schlechter behandelte Stütze — hegten doch noch in einigem Maße die Erinnerung an die vieljährigen Bemühungen und Leiden ihrer Väter für die „Deutsche Einheit", das Jahr 1848 war noch nicht so völlig vergessen, wie später allerdings der Fall war. So war es denn nur eine Rückkehr zu seiner alten Liebe, man darf sagen zum Kerne seines Wesens, wenn Bismarck von seinen liberalen Verehrern sich abwandte und die alten Tendenzen wieder aufnahm, und die ererbte preußisch-konservative Politik gegen alle Elemente, die des Liberalismus schuldig und der Demokratie verdächtig waren, erneuerte. Denn es kann keinem Zweifel unterliegen, daß seine Absicht zu unterdrücken sogar dem Liberalismus der Nationalliberalen (soviel oder so wenig daran war) galt, zumal nachdem dieser sich so unwillfährig dem ersten Entwurf des Sozialistengesetzes gegenüber gezeigt, m. a. W. seinem Willen zu trotzen gewagt hatte. Bald zeigte sich ja auch, daß sein Einlenken in eine schutzzöllnerische Handelspolitik, obgleich sie zunächst und wesentlich für die Großindustrie, die im Deutschen Reiche noch jung war, sich bestimmte, die große nationalliberale Partei aufspaltete.

Bismarck wurde nicht durch die unerfreulichen Ereignisse bewogen, das Gesetz einzubringen. Sie waren ihm Gelegenheitsursachen und als solche willkommen. Er wollte etwas anderes damit, und das Ausnahmegesetz war für ihn ein Mittel für seine Zwecke. Der Zweck, den er im Auge hatte, war die Befestigung und Sicherung seiner Herrschaft, die Gewinnung einer sicheren Mehrheit für seine Pläne, vorzüglich jene handelspolitischen.

Wie stand es nun um die förmliche *Begründung* des Ausnahmegesetzes? Ihr Kern war die Behauptung, daß die Partei in hohem Grade politisch gefährlich sei. Auch ihre moralische Gefährlichkeit war für alle Abgeordneten des Reichstages, die außerhalb ihrer standen, eine ziemlich sichere Tatsache — diese schien aber einem Teile der Ankläger die politische Gefährlichkeit zu erhöhen, während die Redner des Zentrums, denen sich einige kirchliche Konservative anschlossen, meinten, daß durch freieres Walten der Kirchen und Hervorhebung religiöser Motive man der moralischen Gefährlichkeit hinlänglich begegnen könne. Ohne Zweifel stand die politische Gefährlichkeit im Vordergrunde. Die Partei predige die Revolution, und dadurch sei die monarchische Verfassung des Reiches und der bei weitem meisten (23) Gliedstaaten bedroht. Die Anklage war nicht ohne Grund. Wenn auch weder das Statut des Allgemeinen Deutschen Arbeitervereins vom Mai 1863, noch das Eisenacher Programm von 1869 noch das Gothaer von 1875, auf das die beiden Flügel, die sich bis dahin scharf bekämpft hatten, einig geworden waren, irgendeine Hinweisung auf wünschenswerte Veränderung der *Staatsform* enthielten, so schien es doch beinahe sich von selbst zu verstehen, daß die Sozialdemokraten die *Republik* erstrebten, und eben dahin schienen die Attentate denen zu deuten, die eben aus ihnen die Notwendigkeit eines Ausnahmegesetzes folgerten. Dies aber war der leitende Gesichtspunkt für die Regierung und die Konservativen, nach dem zweiten Attentat auch für die nationalliberale Partei und die ihr sich anschließende Gruppe des Dr. Löwe. Kleist-Retzow, der immerhin bedeutende Typus eines Junkers von echtem Schrot und Korn, war Bismarcks getreuer Wardein, wenn er immer wieder darauf zurückkam, die bis zum Königsmord gesteigerten

Bestrebungen der „jetzigen Sekte" anzuklagen, das Messer der Nihilisten und die Schrotflinte von NOBILING ins Gefecht zu führen. Er versuchte zu deduzieren: weil es kein Gottesgericht für die Sozialdemokraten gebe, so bleibe ihnen schließlich nichts anderes übrig als der gewaltsame Umsturz der Staatsordnung, und wenn sie das wollen, so müssen sie auch notwendig Gegner des Trägers der Staatsordnung sein, des Kaisers und Königs, und wenn sie eine solche Gesinnung befördern und die Autorität in den Herzen ersticken, so sei es natürlich, daß die Verführten untergehend zu Verbrechen schreiten, sei es nur um sich einen Namen zu machen, die Ehre des Märtyrertums zu haben, durch Photographien gepriesen zu werden. Es sei eben das ganze Geschlecht der Könige ihnen zuwider, und so werde, wenn das Herzblut des Königs fließe, ihrem nächsten Ziel ein wesentlicher Dienst geleistet. (Ein gutes Beispiel für phantastisch-willkürliche, mit Unkenntnis der Wirklichkeit voll verträgliche Folgerungen.) Es sei also eine Schule des *Hochverrats* für alle Arbeiter. Etwas anders lautete, etwas milder die eigentliche offizielle Fassung. Es wurde aber doch starkes Gewicht darauf gelegt, daß der Dr. NOBILING bei einer gerichtlichen Vernehmung bekannt habe, sozialistischen Tendenzen zu huldigen, daß er auch wiederholt hier sozialistischen Versammlungen beigewohnt habe (gewiß eine schwere Schuld!), und die BEBELsche Anklage, daß diese Depesche von amtlicher Seite mit Bewußtsein und Absicht *gefälscht* sei, daß sie eine der infamsten Verleumdungen enthalte, ist *nicht* widerlegt worden. Auch der Abgeordnete LIEBKNECHT ist wohl darauf zurückgekommen. Er versuchte in einer der späteren Verhandlungen ein Schreiben des Gefängnisarztes vorzulesen, worin berichtet wurde, der Attentäter habe (nachdem er sich tödlich verwundet hatte) bekannt, er habe, zunächst durch die Lektüre von *Schiller* beeinflußt, durch Äußerungen über mehrere französische Könige aus dem Hause CAPET, den seiner Ansicht nach zum Schaden des Volkes sich leiten lassenden Kaiser WILHELM I. erschießen wollen, weil er glaubte, der *Kronprinz* werde selbständiger und unbeeinflußter regieren. Alles was über den Mann bekannt geworden ist, bestätigt die Vermutung, daß er ein durchaus konfuser Schwärmer und Schwätzer gewesen ist. Er hat noch aus dem Gefängnis einen Drohbrief an ERNST ENGEL geschrieben, den damaligen Direktor des Preußischen Statistischen Bureaus. Dieser hat dem Verfasser dieser Schrift im Oktober 1878 erzählt: auf dem Stuhle, auf dem ich ihm gegenübersaß, habe noch vor kurzem dieser NOBILING gesessen oder vielmehr nicht gesessen, denn er habe keine Minute stillsitzen können, und er sei ihm ohne weiteres als völlig untauglich für irgendwelche Arbeit in seinem Bureau erschienen. Noch am 30. März 1888 nahm BISMARCK eine Äußerung, die BEBEL hatte fallen lassen — wenn unsere Zustände den russischen ähnlich würden, dann glaube er, daß auch ähnliche Gegenwirkungen eintreten würden, und er selbst würde der erste sein, der dazu riete — zum Anlaß, zu sagen, BEBEL habe den Meuchelmord zum Programm der Partei unter gewissen Umständen ausdrücklich erklärt, denn zu beurteilen, wann unsere Einrichtungen so schlimm geworden seien, wo die Grenze liege, die überschritten sei, würden sie natürlich sich selbst vorbehalten. Er behauptet insbesondere, wenn BEBEL gesagt hatte, die Monarchie würde freilich getroffen, „wenn sie die Mittel anwende, die jetzt in Rußland üblich sind", das sei die direkte Drohung mit der Ermordung des Kaisers, mit der Wiederholung des HÖDELschen und des NOBILINGschen Attentates, „das Sie von sich abzuwälzen suchen". Diese Kampfesweise war unedel. Aussprüche dieser Art, daß man die nihilistischen Attentate in Rußland begreiflich finde, ja durch die russischen Zustände gerechtfertigt, hörte man damals in der sogenannten guten Gesellschaft ziemlich oft, und sie dürften auch in der Presse und Literatur nachweisbar sein. Es war ein beliebtes Argument gerade gegen die Sozialdemokratie, daß ihr Gebaren, dem man ja auch die Attentate zur Last legte, in keiner Weise gerechtfertigt sei, weil wir doch von russischen Zuständen weit entfernt seien. Und wenn von den Früchten, die — auch ohne jenes angebliche Programm zugunsten des Meuchelmordes — in verwilderten Gemütern gedeihen sollten, gesprochen wurde, so durfte mit Recht erwidert werden, daß es keine Art von öffentlicher Rede, keine Art von Lektüre gibt, die nicht in verwilderten Gemütern finstere und gewaltsame Entschlüsse zur Reife bringen kann, zumal in Naturen, die, wie Herr v. KLEIST sich ausdrückte, Wert darauf legen, daß, wenn auch etwa erst nach ihrem Tode, ihr Porträt in der Zeitung erscheine. Herostrate hat es immer gegeben, und in unserer heutigen Gesellschaft werden Nervenkranke und psychopathische Menschen nur zu häufig, vielleicht immer häufiger, angetroffen. Welche Folgen leidenschaftliche Agitationen in verwilderten Gemütern, zumal wenn eine Zeit starker politischer Erregung da ist, haben können, das haben wir neuerdings an den gelungenen Morden politisch hervorragender Personen, an den Mordanschlägen gegen andere erlebt. Die dummen Attentate von 1878 hatten keinen ähnlichen Charakter, es war keine politisch erregte Zeit. Der greise Monarch trat persönlich so wenig hervor, daß ein persönlicher Haß und der Wahn, daß es irgendwelchen Wert habe, sein Lebensende zu beschleunigen, nur in kranken Seelen entstehen konnte. Und vor solchen ist niemand sicher, am wenigsten jemand, dessen Name oft in aller Munde ist. Daß ein *natürliches* Ende des greisen Monarchen vielen nicht unwillkommen gewesen wäre, die ihre besonderen Hoffnungen auf seinen Nachfolger setzten, der damals eben das 47. Lebensjahr vollendete, ist eine Sache für sich. Die möglichen Folgen wurden oft besprochen, aber nicht eben in Arbeiterkreisen, wenn auch wohl manche an diesen Hoffnungen teilnahmen, und zwar solche, die eben *nicht* antimonarchisch gesinnt waren.

„Aber die Sozialdemokratie war eine revolutionäre Partei und betätigte sich als solche in Wort und Schrift. Dies gab der Regierung und den anderen Parteien das Recht, sich gegen sie zu wehren, aller Mittel sich zu bedienen, um sie unschädlich zu machen." Der Gedanke scheint guten Sinn und Überzeugungskraft in sich zu tragen. Unzählig oft ist in der Geschichte einer solchen Maxime gemäß gehandelt worden, am meisten wohl, wenn es sich um religiös Andersdenkende und Anderswollende handelte, weil man eben dadurch die Fundamente des sozialen Lebens und des Staates angegriffen oder untergraben wähnte. Auch in diesem Falle kamen die Befürworter, namentlich der berühmte Reichskanzler selber, immer wieder darauf zurück, die böse *Weltanschauung*, die den Glauben an Gott wie den Glauben an das Königtum vernichten wolle, sei an allem schuld[1]. „Rauben

[1] Diese so beliebte wie vulgäre Ansicht wird gut illustriert durch historische Tatsachen: Der Mörder Heinrichs III. von Frankreich war ein Mönch (1589), derjenige Heinrichs IV., Ravaillac, ein sehr gläubiger Katholik (1610). Aber in deutschen Landen? Auch dem Johann Parricida, der im Jahre 1308 seinen Oheim, den deutschen König, um persönlicher Rache willen tötete, dürfte es in der Weltanschauung nicht gefehlt haben. Aber Protestanten? Evangelische? Nun, der Mörder Kotzebues war ein frommer Student der evangelisch-lutherischen Theologie. Auch die Mörder Erzbergers, Rathenaus, die Fehmemörder u. a. dürften von religiös-gläubiger, wie von politisch-gläubiger Gesinnung — im Sinne der „Rechtgläubigkeit" — hinlänglich erfüllt gewesen sein.

Sie das An-Gott- und Bessere-Zukunft-Glauben dem Armen, dem Sie gar keine Entschädigung gewähren können, so bereiten Sie ihn eben zu dem Lebensüberdruß vor, der sich in Taten äußert wie die, die wir erlebt haben". Es hätte füglich die Antwort darauf gegeben werden können, daß ja gerade die Tendenz der sozialdemokratischen Lehre dahin ging, an bessere Zukunft zu glauben, und durch diesen Glauben den Armen — vielleicht allzu sehr — zu ermutigen; daß aber an Gott *nicht* zu glauben von Partei wegen niemals gelehrt worden sei, wie immer auch einzelne Agitatoren geredet haben mochten. — Die Verkündung solcher und anderer Lehren in Verbindung mit der fortwährenden Kritik des Kapitalismus und mit der Darstellung der traurigen Lage der Arbeiterklasse, das war es ja eben, was, ob man nun die Verbrechen darauf zurückführte oder nicht, immer und überall außerhalb der Partei als Beweis für ihre Schändlichkeit und Schädlichkeit ins Gefecht geführt wurde. Was ist dazu zu sagen? Ein gerechter Richter wird zugeben müssen, daß sehr vieles, was damals in Volksversammlungsreden und in Zeitungen, zumal solchen der Hauptstadt, zutage trat, auch bei den wenigen der gebildeten Oberschicht, die sozialistischen Ideen geneigt waren oder wenigstens sie zu begreifen versuchten, die auch für soziale Reformen mit Entschiedenheit eintraten, gerechten Anstoß erregten, und zwar meistens mehr durch die Form als durch den Inhalt dessen, was vorgetragen wurde. Die Partei verfügte nicht über einen Stab intellektuell höherstehender Journalisten und Redner, sondern war auf die Hilfskräfte angewiesen, die sich ihr boten, und konnte diese nicht allzu sehr einschränken, weil sie des Ersatzes durch bessere Kräfte niemals sicher war. Indessen gab es auch nicht wenige geistig und moralisch höherstehende Schriftsteller und Redner, in der wirklichen Führung der Partei die Mehrheit, die unter dem Einflusse ihrer damals noch in London lebenden Meister, deren Theorien so gut oder so mangelhaft sie diese verstanden, auszubreiten beflissen waren. Und so breit auch in diesen Lehren das Wort Revolution getreten wurde, so war doch ein Hauptpunkt des Systems, ja seine Grundlage, daß die wirtschaftliche Entwicklung also Veränderung alle anderen Entwicklungen und Veränderungen bedinge und hervorrufe; jene aber sei längst in vollem Gange, und eine ihrer Wirkungen sei die Arbeiterbewegung, die, je mehr sie zu politischem Einflusse gelange, verändernd und umgestaltend auch auf die wirtschaftliche Entwicklung zurückwirken werde, bis sie auf Grund einer demokratischen Staatsverfassung zur wirklichen politischen Macht gelangt, das Werk werde vollenden wollen und können. Daß die Dinge dafür noch nicht reif waren, daß also die wirtschaftliche Entwicklung noch lange nicht weit genug fortgeschritten sei, um eine solche Macht der Arbeiterbewegung wahrscheinlich oder gar gewiß zu machen — zumal in einem Reiche, das noch mit Sicherheit über ein stehendes Heer von $^1/_2$ Million gebot — das gestand man sich in Führerkreisen ungern; aber jeder Widerstand, jeder Mißerfolg, die wachsende Erkenntnis der ungeheuren Macht, in deren Besitz die Verteidiger der bestehenden Zustände, also die besitzenden Klassen und in ihrem Gefolge unter ihrem Einflusse, aber auch kraft natürlicher konservativer und sittlicher Gefühle die gesamten Vertreter der höheren Geistesbildung mit wenigen Ausnahmen an Widerstand und Abwehr teilnahmen, mußten die Hoffnungen auf baldige Verwirklichung des „Endzieles" stark eindämmen; und daß die bloße republikanische *Staatsform* in dieser Hinsicht unmittelbar sehr wenig bedeutete, lehrte die augenscheinliche Erfahrung, vor allem diejenige der Vereinigten Staaten, wo der Sozialismus fast nicht vorhanden, und Frankreichs, wo er praktisch schwach war, allzu eindringlich, als daß man es hätte verkennen können. Praktisch konnte für die Partei es sich nur um soziale Reformen handeln, und im Eisenacher wie im Gothaer Programm ist nur von solchen die Rede, wenn auch in beiden zuerst die neuen Grundlagen des Staates, dann die Forderungen innerhalb der heutigen Gesellschaft vorgeführt werden. Die neuen Grundlagen aber sind gerade im Gothaer Programm, das damals, 1878, das gültige Programm war und während der Dauer des Gesetzes gültig blieb, ausschließlich solche der Demokratie, die so gut wie das allgemeine direkte und geheime Wahlrecht, das an der Spitze stand, auch in der Ausdehnung, die dafür verlangt wurde (es ist nicht ausdrücklich von den Frauen die Rede, sondern nur von „allen Staatsangehörigen"), mit der Institution erblicher Staatsoberhäupter verträglich waren, und vollends mit einem erblichen Reichsoberhaupt — der Kaiser hatte ja als solcher keine wirklich-monarchischen Rechte und in Friedenszeit nur solche Funktionen, wie sie jetzt der Präsident der Republik ausübt. Auch die übrigen Punkte dieser Grundlagen (direkte Gesetzgebung durch das Volk, Volkswehr an Stelle der stehenden Heere, Rechtsprechung durch das Volk, allgemeine und gleiche Volkserziehung und Abschaffung aller Gesetze zur Beschränkung des freien Denkens und Forschens) setzten sich wohl der Kritik aus und konnten, als untunlich oder unzweckmäßig, verwerflich erscheinen; ein revolutionäres Prinzip aber war höchstens in der direkten Gesetzgebung enthalten, wenn damit offenbar erbliche Gesetzgeber völlig ausgeschlossen werden sollten. Unmittelbar an das monarchische Prinzip rührte auch diese Forderung nicht, wie denn dies alte Prinzip in Großbritannien noch besteht, obschon der *Royal Assent* eine bloße Form geworden ist. — Der zweite Teil enthält hauptsächlich Forderungen des *Arbeiterschutzes* einschließlich eines „den Gesellschaftsbedürfnissen entsprechenden" Normalarbeitstages. MARX hat bekanntlich — was damals noch ein Geheimnis war — dies Programm scharf kritisiert, hat aber an diesen Forderungen wenig auszusetzen, außer daß es geboten wäre, die Länge des Arbeitstages zu fixieren und ebenso die Altersgrenze der Kinderarbeit festzulegen, anstatt sie schlechthin zu verbieten[1]. Man muß annehmen, und es ist sehr wahrscheinlich, daß Fürst BISMARCK die Programme der von ihm der Vernichtung preisgegebenen Partei *nicht* gekannt hat. Er hätte sonst schwerlich am 9. Oktober 1879 die früher (S. 14) wiedergegebenen Äußerungen über den Mangel aller positiven Vorschläge, das Schicksal der Arbeiter zu verbessern, von sich geben können. Es ist eine bekannte Tatsache, daß die BISMARCKsche Regierung bis sie ihre Endschaft nahm, jede Verbesserung und Vermehrung des *Arbeiterschutzes* abgelehnt und hintertrieben hat. Sie fügte sich in dieser Hinsicht schlechterdings den Wünschen der Unternehmer und der Vertreter des Gehen-Lassen-Prinzips, dessen beredter Vertreter im Reichstage LUDWIG BAMBERGER war, das war die Art, wie der große Fürst den Vorschlägen, die im Parteiprogramm enthalten waren, eine wohlwollende entgegenkommende Prüfung widmete! Daß er inzwischen eine andere Art der Sozialreform durch die Sozialversicherung ins Leben rief, war gewiß (wer auch der eigentliche Urheber gewesen ist) ein Verdienst und hat durch seine Erfolge sich so bewährt, daß es vielen anderen

---

[1] Vgl, KARL DIEHL, PAUL MOMBERT: Ausgewählte Lesestücke **12**, 2 IV, 3. „Aus dem Nachlaß von KARL MARX".

Staaten zum Vorbilde wurde. Aber es war nicht etwas, was unmittelbar den Wünschen und dem Wollen der großen Menge derer entsprach und entgegenkam, die mit ihren Familien in der besten Zeit ihres Lebens unter dem Drucke der Fabrikordnungen standen; außer etwa der Unfallversicherung, die zwar eine erhebliche Verbesserung des bis dahin geltenden Haftpflichtgesetzes in sich schloß, aber auch völlig den sogenannten Berufsgenossenschaften überantwortet wurde, die der Mitwirkung der Arbeiter entzogen blieben. Der Zwang zur Versicherung gegen Krankheiten war das am wenigsten Notwendige, da das freie Kassenwesen in diesem Gebiete schon ziemlich hoch entwickelt war und auch ohne Zwang sich hätte ausdehnen und besser organisieren lassen. Das ganze System ist von berufener Seite als eine Verbesserung, weil Modernisierung, der Armenpflege gedeutet worden. Das war es in der Tat, und darin liegen wie seine Werte, so auch seine Schwächen, die längst eine gründlichere Rationalisierung und Vereinheitlichung in hohem Grade wünschenswert erscheinen lassen.

Wenn also jene Vorwürfe nicht begründet waren, so muß ebenfalls anerkannt werden, daß auch die Preßerzeugnisse und Versammlungsreden nicht alle so schlecht waren, wie sie von den Anklägern dargestellt wurden. Adolph Wagner hat damals schon mit Bewunderung darauf aufmerksam gemacht, daß eine so gelehrte, keineswegs leicht zu verstehende Schrift wie das polemische Werk von Friedrich Engels gegen Eugen Dühring, zuerst im Leipziger „Vorwärts“ (der damals den „Volksstaat“ abgelöst hatte) erschienen war — dies geschah gerade in den letzten 20 Monaten vor dem Erlaß des Ausnahmegesetzes. Wie es scheint, war es der „Berliner Neue Sozialdemokrat“, der durch seine Tonart, die wohl oft roh und ausfallend war, am meisten verletzte und Unwillen hervorrief[1]. Leiter war damals, und ist uns schon

[1] Wenn ich auch hier aus meiner persönlichen Erinnerung sprechen darf, so wußten denkende Adepten der Sozialwissenschaften schon damals zu unterscheiden zwischen hoffnungsvollen Tiraden, die zu fade waren, um gebildete und zu gelehrt, um ungebildete Leser anzuziehen, und dem wirklichen Gehalt der ungeheuren Probleme, deren Erkenntnis uns nicht zu entziehen, wir als eine intellektuelle und moralische Pflicht erkannt hatten. Ich habe auch mehrmals Volksversammlungen beigewohnt, solchen, in denen einer der Hauptführer mit vollkommener Ruhe und nüchtern-sachlichen Argumenten einen Gesetzentwurf besprach oder das Programm erläuterte; und einmal (im Jahre 1876), mit meinem Freunde Richard Scheppig († 1903), einer solchen, die wir ganz vergnüglich fanden: ein naiv

als Redner begegnet, der nicht aus der Arbeiterklasse hervorgegangene Hasselmann, ein sehr begabter Mensch, aber unerfreulichen Charakters. Sein alter Gefährte (schon als Lassalleaner), Hasenclever, hat (am 10. Dezember 1881) es für unwahr erklärt — was in den Motiven für die Verlängerung stand — daß Hasselmann Geld geschickt habe aus Amerika, um Höllenmaschinen anzuschaffen: „er würde viel lieber etwas nehmen, wenn es ihm geschickt würde" — Hasenclever erklärte ihn deutlich genug für einen Maulhelden und Feigling.

Das Hauptübel dieser agitatorischen Literatur liegt für jeden objektiven Beobachter, wie auch Hänel es erkannt hatte, in der Übertreibung und Verzerrung bis zum Fratzenhaften, von Tat-

---

und sehr harmlos auftretender junger Mann sprach hauptsächlich über die auf Gummirädern fahrenden Gründer wie ihre Mai-tressen — er sprach das Wort aus, als ob von Maililien die Rede wäre —; aber gewiß wurde auch manchmal unflätig über die Regierung geschimpft, was dann bald polizeiliche Auflösung, schon vor Erlaß des Ausnahmegesetzes, zur Folge hatte. Lebhaft in jene Zeit zurückversetzt fühle ich mich durch das Büchlein „Die Arbeiterpresse der Gegenwart", das im Jahre 1873 erschien, der Verfasser war Adolf Held, ein junger Gelehrter, der sich zu den Katheder-Sozialisten zählte, unter denen er aber nicht eben zu den entschiedeneren gehörte, ein durchaus tüchtiger und gewissenhafter Mann der Wissenschaft, dessen frühen Tod durch Unfall wir im Jahre 1884 beklagten, nachdem er in die ordentliche Professur der Nationalökonomie in Berlin berufen war, die er noch nicht angetreten hatte. In seine Stelle wurde dann Adolph Wagner berufen. Das genannte Buch, noch heute lesenswert, geht streng ins Gericht mit den Parteiblättern, hebt aber hervor, daß die Gewerkvereinsblätter die Gefühle und Absichten der eigentlichen Arbeiter am deutlichsten wiedergaben, wie sie auch stets von wirklichen (wenn auch halbgelehrten) Arbeitern redigiert seien. Sie seien daher weit interessanter als die sozialdemokratischen Organe. (Ob einer der nichtsozialistischen Abgeordneten, die 1878 zu Gericht saßen, ein solches Blatt je in der Hand gehabt hatte? Die Herren Hirsch und Duncker waren *nicht* unter den Gewählten.) Aus dem „Botschafter, Organ der deutschen Cigarrenarbeiter", der die entschiedenste sozialdemokratische Gesinnung seines Redakteurs E. W. Fritzsche ausprägte, meinte doch Held dartun zu können, „daß das eigentliche Arbeiterinteresse mit dem allgemeinen Radikalismus der demokratischen Führer nichts zu tun habe". Am nächsten verwandt „in bezug auf sozialdemokratische Verirrungen" sei der „Genossenschafter, Organ des Gewerkvereins der deutschen Gold- und Silberarbeiter und dgl.". Beide waren *gegen* freireligiöse und atheistische Beimischungen und der „Genossenschafter" stellte die „gewalttätigen Tendenzen leidenschaftlich erregter Arbeiter als beklagenswerte Folge des rücksichtslosen Materialismus der *Reichen* hin" (H. u. W. S. 124). Held hebt oft hervor, daß es bei den Arbeitern an Neigung zum Entgegenkommen nicht fehle, wenn man sie nur recht zu behandeln wisse (ib. S. 153). Im vorhergehenden Kapitel wird sowohl der „Volksstaat", damals das Organ der „Eisenacher Ehrlichen" als der „Neue sachen und Auffassungen der Tatsachen. Es ist ein Übel, das zu einem guten Teil der Tagespresse als solcher anhaftet, die oft darum verklagt wird. Aber auch die Regierung, gerade die Bismarcksche, hielt sich niemals fern von diesem schlimmen Fehler. So war die Schilderung der Gefahren, die angeblich von der Arbeiterbewegung drohten, in den Motiven der ersten Vorlage und jeder Wiederholung wie in den Rechenschaftsberichten der einzelnen Staatsregierungen über die Ausführung des Gesetzes — alles war erfüllt von ungeheuren Übertreibungen: die einzigen Tatsachen, die zugrunde lagen, hatten mit der wirklichen Arbeiterbewegung nichts zu tun. Als Fundamente einer großen Aktion waren sie unecht. Es war in der Tat eine Gesetzgebung unter falschen Vorwänden, wie ein englisches Journal, das in der Beratung zitiert wurde, sie bezeichnet hatte. Wenn Redensarten und Gehässigkeiten dieser Art gefährlich wären, unter welchen Gefahren stünde heute das Reich und stünden die Länder, wo eine maßlose giftige Agitation unablässig gegen die zu Recht bestehende Staatsform gerichtet wird, eine Staatsform, die noch jung ist und von einem großen Teile der Staatsbürger, ja der bezahlten Beamten und Pensionäre des Reiches und der Länder mit so wildem Haß verfolgt oder wenigstens mit unverhohlener

Sozialdemokrat" ohne Nachsicht gerichtet, aber aus den mitgeteilten Proben geht deutlich hervor, was Held S. 58 betont, daß der „Volksstaat" *ausführlich* nur wurde, wenn seine „Mitteilungen und Deduktionen" *direkt* mit der sozialen Lage des Proletariats befaßt seien: „Das Grundübel, das deshalb auch immer wieder besprochen wird, ist die jetzige Produktionsweise" — bei dem Bunde des politischen Radikalismus und des ökonomischen Sozialismus sei das letztere Moment das primäre und tonangebende (S. 61). Aus der „Chemnitzer freien Presse" (gleicher Richtung) führt Held Artikel an, die beweisen sollen, daß humanes und leidenschaftsloses Betragen der Besitzenden die demokratischen Utopien und sinnlosen Leidenschaften der Arbeiter bei Streiks sehr abzukühlen imstande sein dürften. Aus einer anderen Zeitung der Eisenacher entnimmt der Gelehrte, daß „unter der Fülle von Redensarten, die alles Hochgehaltene herabsetzen", unleugbar, ähnlich wie in anderen sozialdemokratischen Blättern, *auch sittlich gerechtfertigte* Geißelung von wirklichen Schäden unserer Zustände vorkommen, z. B. Eifer gegen unsittliche Theater, Prostitution usw. (S. 95). Es geht aber aus den Proben des „Neuen" auch hervor, daß dieses Hauptorgan der Lassalleaner als „Organ zur allgemeinen Aufregung der sozialdemokratischen Leidenschaften", wobei „die Pflege der praktischen Arbeiterbestrebungen verhältnismäßig in den Hintergrund trat" (S. 108), einen noch unerquicklicheren Eindruck als die meisten anderen sozialdemokratischen Preßprodukte beim Verfasser hinterlassen hatte. Es war eben damals Herr Hasselmann der leitende Geist darin, und eben diese Zeitung wurde natürlich vorzugsweise (wenn nicht ausschließlich) von den Behörden in Berlin gelesen.

Abneigung bedacht wird, wie damals gegen den Träger der preußischen Krone und gegen das preußische Kaisertum nur die freilich noch recht zahlreichen Anhänger eines durch das siegreiche Preußen entthronten Königs und etlicher ebenso entthronter Herzöge hegten. Unter diesen mögen auch einige Sozialdemokraten gewesen sein — die wirkliche Gefahr, die von dieser an Zahl und Mitteln schwachen Partei drohte, war gering. Für den deutschen Mann hatte und hat die Vorstellung der Revolution nicht jenen Reiz, den sie für den Franzosen wenigstens lange gehabt hat. Dem Deutschen fehlt das Temperament der Revolution: wenn man will, die Art des Idealismus, die sich in der leichten Entzündbarkeit des flammenden Enthusiasmus kund gibt. Am ehesten würde man, zumal unter den Norddeutschen, also auch den Einwohnern der Hauptstadt, bei denen polnischen Geblütes, etwas Ähnliches wahrnehmen; diese aber waren an der schwachen Arbeiterbewegung schwach beteiligt — wenn sie sich für etwas begeisterten, so konnte es nur der Befreiung ihres Vaterlandes gelten. Es ist aber niemals versucht worden, in Berlin auch nur einen polnischen Zählkandidaten aufzustellen.

Noch unter der Herrschaft des Sozialistengesetzes bedeutete die Sozialdemokratie einen starken Wall gegen den wirklich und unbedingt staatsfeindlichen *Anarchismus*, der auch in bewußter Weise die Propaganda der Tat verkündete und als ihre Arbeit ihr nächstes Ziel die schreckliche totale unerbittliche und allgemeine Zerstörung auf ihre Fahne geschrieben hatte. Eine deutsche anarchistische Zeitung, die seit Juli 1876 in der Schweiz herauskam, konnte nur $1^1/_4$ Jahr lang sich am Leben erhalten. Ihr Erlöschen ein Jahr vor dem Sozialistengesetz war dem unbedingten Widerstand der sozialistischen Arbeiterpartei — die anarchistische war keine wirkliche Arbeiterpartei — zu verdanken, nicht den Kämpfen der Regierungen gegen sie. Gleichwohl ist es eine Tatsache, daß unablässig alles, was von anarchistischer Seite im Inland oder Ausland geschah, der Sozialdemokratie zur Last gelegt, daß die Bestrebungen der einen die immerhin schon die weit größere Bedeutung hatte, mit denen der anderen, die so gut wie gar keine Bedeutung hatte, fortwährend und, wie man getrost sagen darf, wider besseres Wissen zusammengeworfen wurden. Dies geschah schon in skandalöser Weise, wenn sogleich in der ersten Beratung am 16. September 1878 durch den Bevollmächtigten zum Bundesrat für das Königreich Preußen zum Beweise dafür, welche Stellung *die sozialdemokratische Presse* den beiden Attentaten gegenüber eingenommen habe, die Sozialdemokratie im Auslande herangezogen wurde, die ausdrücklich und mit direkten Worten ihre Sympathie mit „diesen Taten“ ausgesprochen habe. Der Kongreß der „Juraföderation“, der im Juli in Freiburg getagt hat, habe ausdrücklich erklärt, die Akte Hödels und Nobilings seien revolutionäre Akte, die seine volle Sympathie hätten. Wenn Herr Graf zu Eulenburg die Wirkung der Unwahrheit, die in diesem Hinweise lag — da es das damals bekannteste Organ des Anarchismus war, das er anführte — eine Wirkung, die sich in einem „Hört! Hört!“ rechts kundgab, nachher, wohl auch um sein Gewissen zu salvieren, dadurch abschwächte, es sei ihm wohlbekannt, daß die Richtung Marx „eine andere“ sei als die der sogenannten Anarchisten, so wurde die Unwahrhaftigkeit des Argumentes dadurch nicht vermindert. Es wurde mehr und mehr ein unablösbarer Bestandteil der polizeilichen Methode des Kampfes gegen die Sozialdemokratie, ihr das zur Last zu legen, was von anarchistischer Seite geschah. Noch mehr — es ist unwiderlegt geblieben, daß die anarchistischen Elemente durch das System Puttkamers begünstigt, und daß Untaten von *Anarchisten* hervorgelockt wurden, um der *Sozialdemokratie* zu schaden und sie zu verderben. Wenn auch die Urkunden darüber ohne Zweifel zum guten Teil vernichtet wurden, so wird doch wahrscheinlich einmal historisch offenbarer werden, was in dieser Hinsicht die Polizei aus Gründen der vermeintlichen Staatsraison sich hat zuschulden kommen lassen — müssen. Daß auch, abgesehen von solchen Begünstigungen, das ungeheuerliche Vorgehen auf Grund des Gesetzes — ein Vorgehen, das zum guten Teile den Bedingungen, woran die nationalliberale Partei ihre Zustimmung geknüpft hatte, offen widersprach — unmittelbar die anarchistischen Elemente und Stimmungen *stärkte*, liegt auf der Hand, und Bebel hatte offenbar recht, wenn er im Anwachsen dieser Tendenzen die direkte Wirkung des Ausnahmegesetzes anklagte. Es ist gleichwohl der Sozialdemokratie gelungen, auch während der Geltung des Gesetzes, und nachher, den Anarchismus völlig zurückzudrängen, so daß seine Spuren erloschen sind; auch die heute sogenannte Kommunistische Partei steht dem Anarchismus und seinen Methoden fern trotz daran anklingender Reden.

Diejenigen Politiker und Mitläufer von Politikern, die damals (unglaublicherweise gibt es auch heute noch solche) wähnten, es lasse sich an Stelle der sozialdemokratischen Partei eine Partei bilden, die gottesfürchtig und fromm oder in Ehrfurcht vor der überlegenen Weisheit, die über Kapital und Arbeit die Anwälte des Kapitals lehrten, sich beugen würde — am liebsten sollten sie natürlich in der einen wie in der anderen Hinsicht artige brave Kinder sein — diese haben von dem notwendigen Wesen, von der Psychologie volkstümlicher Bewegungen und Parteiungen keine Ahnung. Sie mögen sich auf das Vorbild der Vereinigten Staaten von Amerika berufen, wo eine politische Arbeiterbewegung so gut wie nicht vorhanden ist. Warum nicht? Weil dort die Plutokratie, die auch bei uns gesellschaftlich und dadurch politisch mächtig ist, die volle soziale und politische Macht in ihren Händen hält, und weil zwar hauptsächlich für die auswärtige aber auch für die innere Politik die Wahl des Präsidenten das ist, was entscheidet. Und es ist völlig ausgeschlossen, daß eine politisch organisierte Arbeiterschaft die Mittel aufbringe, die zu einer Präsidentenwahl erforderlich sind. Außerdem, daß eine solche Organisation schon durch die mannigfache Herkunft der Arbeiterschaft in einem Koloniallande, die sogar wirkliche verschiedene Rassen in sich begreift, unendlich erschwert ist, auch an der Organisirbarkeit und dem Idealismus, der Aufopferungsfähigkeit, die dazu gehören würden gebricht es. Natürlich spielen auch andere Momente mit, die dahin zusammenwirken, das Los eines großen Teiles der Arbeiter einstweilen erträglich, ja verhältnismäßig glänzend erscheinen zu lassen.

Wie lange dieser Zustand sich erhalten werde, darüber mögen die Meinungen geteilt sein. Die gewerkschaftliche Organisation ist bekanntlich stark, und die Streiks sehen (in den V. St.) oft wildem Aufruhr ähnlich; wenn sie einen großen Umfang einnehmen, so verlaufen sie selten ohne Blutvergießen. Die Vermutung hat guten Grund, daß die Entwicklung ähnlich wie in Großbritannien weitergehen wird, daß nach einem Menschenalter die amerikanische *Labour-Party* vielleicht den Präsidenten der Republik stellen wird.

Sicherlich kann jedes Ausnahmegesetz verteidigt werden durch die *Staatsraison*, man mag sagen: Wenn das Wohl des Volkes das oberste Gesetz ist, dann rechtfertigen außerordentliche Umstände außerordentliche Maßregeln. Außerordentliche Umstände liegen vor, wenn ein Staat durch eine Partei oder sonst durch eine organisierte Menge sich für gefährdet halten darf, für so sehr gefährdet, daß seine Selbsterhaltung ihm gebietet, sich zu wehren. Dieser Standpunkt war es ja auch, mit dem vorwiegend Fürst BISMARCK im Jahre 1878 und nachher die Notwendigkeit des Gesetzes zu demonstrieren versuchte. Darum kam er immer wieder auf die Gefahr zurück, in der das Staatsoberhaupt schwebe. Er hatte auch völlig Recht: *wenn* diese Lage gegeben war, so mußte das Gesetz einstweilen — bis es hinlänglich gewirkt hätte — unbegrenzte Dauer haben; auch die übrigen Verschärfungen wären dadurch sachlich gerechtfertigt. BISMARCK hat im Anfang und bei jeder Verlängerung versucht, in diesem Sinne auf den Reichstag zu wirken und damit in keinem Sinne Erfolg gehabt. Er hat sich mit einigem Murren darein ergeben. Er hat die ferneren Machtmittel nicht gebraucht, die ihm ohne Zweifel, solange als der greise Monarch lebte, zu voller Verfügung standen. Er hätte eine mehrmalige Auflösung bewirken müssen und höchstwahrscheinlich seine Mehrheit gefunden; denn er brauchte nicht einmal das Zentrum, wenn er nur die Nationalliberalen für diesen radikalen Gedanken gewonnen hätte, und das wäre höchstwahrscheinlich auf den zweiten, wenn noch nicht auf den ersten Hieb gelungen. Denn die Nationalliberalen waren zu einem dauernden Widerstand gegen seinen Willen unfähig.

Es ist bekannt, daß der Reichskanzler schließlich seinen Abschied nehmen mußte, weil er den neuen und jungen Kaiser nicht für die unbedingten Gewaltmaßregeln zu gewinnen vermochte. Man kann nicht umhin, die Frage aufzuwerfen, von welchen Wirkungen es gewesen wäre, wenn er seinen Willen durchgesetzt hätte. Es sieht aber so aus, als ob im Grunde ihm damals mehr um die Demütigung seines kaiserlichen Herrn und die Fortdauer seiner tatsächlichen Alleinherrschaft zu tun gewesen ist als um das Ausnahmegesetz, da er gegen den Botschafter VON SCHWEINITZ am 25. November 1889 geäußert hat, es sei ihm an der Erhaltung des Kartells, also an einer Verständigung der Kartellparteien über das fragliche Gesetz, mehr als an diesem selber gelegen[1]. Zu dieser Einigung kam es nicht, den Reichstag auflösen konnte er nur mit Einwilli-

[1] ZIEKURSCH: Politische Geschichte des neuen Deutschen Kaiserreiches II, 435.

gung des Kaisers, und dieser war er nun nicht mehr sicher. Bismarck selber glaubte, es würde zu blutigen Kämpfen kommen, dies war eben, was er für erwünscht hielt. Er hat um diese Zeit des öfteren ausgesprochen: je früher man es zu einer gewaltsamen Lösung bringe, desto gelinder werde sie auslaufen. Wenn man die bis dahin bewährte Taktik der verfolgten Partei kannte, so muß man für sehr wahrscheinlich halten, daß der Staatsmann eine unrichtige Prognose stellte. Hohe Wahrscheinlichkeit spricht dafür, daß die Partei in ihrer bisherigen Haltung verharrt hätte. Und die Erfahrung der Leidensjahre sprach dafür, daß, wenn man auch sämtliche Führer aus dem Reiche verbannt hätte, wie Bismarck es wollte, diese auch vom Auslande her ihre Leute in der Hand behalten hätten, und daß man wie bis dahin am passiven Widerstande sich hätte genügen lassen, der freilich nun zu einer Stärke hätte entwickelt werden können, die den Behörden mehr Unbequemlichkeiten verursacht hätte, nachdem im Jahre 1890 nicht viel weniger als $1^1/_2$ Millionen Stimmen auf sozialdemokratische Kandidaten gefallen waren, als zur Zeit, da das Gesetz erlassen wurde (1878), wo die Zahl wenig mehr als 437000 betrug. Der Staatsphilosoph Thomas Hobbes, der erste große Theoretiker des absoluten Staates, der fälschlich so verstanden wird, als ob er jeder Art gewaltsamer Einwirkung auf Handlungen und Gesinnungen der Staatsbürger das Wort geredet habe, hat in Wirklichkeit ausgesprochen: *daß nichts mehr geeignet ist, Haß zu erzeugen, als Tyrannei über des Menschen Vernunft und Verstand;* und an anderer Stelle: „Ein Staat kann Gehorsam erzwingen, aber keinen Irrtum überzeugen und nicht die Gesinnungen derer verändern, die da meinen, daß sie die besseren Vernunftgründe haben. Unterdrückung von Lehren hat nur die Wirkung zu einigen und zu erbittern, d. h. sowohl die Bosheit als die Macht derer, die einmal an diese Lehren glauben, zu vermehren[1]". Diese Ansicht wird durch die Erfahrungen aller Zeiten und aller Länder bestätigt. Man darf mit einem hohen Grade von Sicherheit sagen: wie das erste Gesetz gescheitert ist, so wäre vollends dieses zweite noch strengere gescheitert. Es wäre eine Gärung entstanden wie diejenige, von der (bei Goethe) Egmont zum Alba sagt, daß sie nicht leicht in sich selbst sich auflöse. Und was dort von Philipp II.

---

[1] Ferdinand Tönnies, Thomas Hobbes: Leben und Lehre, [3], S. 225.

gesagt wird, er habe beschlossen, was kein Fürst beschließen sollte, trifft wirklich zu auf den Fürsten BISMARCK. „Die Kraft seines Volkes, ihr Gemüt, den Begriff, den sie von sich selbst haben, will er schwächen, niederdrücken, zerstören, um sie bequem regieren zu können. Er will den inneren Kern ihrer Eigenheit verderben, gewiß in der Absicht, sie glücklicher zu machen. Er will sie vernichten, damit sie etwas werden, ein ander Etwas." Und in demselben Gespräch: „*Zu drücken sind sie, nicht zu unterdrücken!*" BISMARCK war selber, als er dies unternehmen wollte, ein Mann von 75 Jahren. Er hätte vielleicht bis zu seinem Lebensende diesen ungeheuren Druck fortsetzen können. Ein dauerndes System daraus zu machen, war unmöglich. Er hätte auch — BAMBERGER sah dies richtig — die sozialistischen oder dem Sozialismus verwandten Lehren, die von Professoren und anderen Männern der Wissenschaft ausgingen, zu unterdrücken versuchen müssen, er hätte irgendwie auch die deutsch-freisinnige Partei, die inzwischen ja durch die liberalen Bestandteile der nationalliberalen Partei sich gestärkt hatte, und die er oft als eine gute Vorfrucht für die Saat sozialdemokratischer Lehren bezeichnete oder als verkappte Republikaner denunzierte, auch diese hätte er unbedingt unter sein dauerndes Ausnahmegesetz zwingen müssen. Es wäre ein hübscher Zustand geworden! Nun denke man sich die beständige Gefahr auswärtiger Verwicklungen hinzu, und daß mitten in diesen latenten oder wie BISMARCK wollte, offenen Bürgerkrieg der Krieg gegen zwei Fronten gefallen wäre, vor dem sein Rückversicherungsvertrag, wenn es dem Zarismus beliebt hätte, nicht zu schützen vermochte! Das Reich wäre vielleicht vor dem Schlusse des Jahrhunderts zusammengebrochen, er hätte selber diesen Zusammenbruch noch erleben können.

Wie immer man urteilen möge: die Tatsache bleibt bestehen, daß es dem Sozialistengesetz mit allen Leiden und Plagen, die es über Tausende brachte[1], keineswegs gelungen ist, die Ausbreitung sozialistischer Lehren und die Verstärkung der proletarischen Opposition zu hemmen, und daß solche Hemmung an-

---

[1] Nach HEYDE (Abriß der Sozialpolitik, 5/6, S. 54), der dem zuverlässigen Bericht von J. AUER folgt, waren 893 Personen, darunter 504 Familienväter mit 975 Kindern *ausgewiesen*, 1299 Druckschriften verboten worden. HEYDE urteilt: „Eine Drachensaat die einmal aufgehen mußte, früher oder später."

gesichts der wirklichen industriellen Entwicklung, des beständigen Wachstums der Großstädte, der Vorstädte und Fabrikdörfer, im höchsten Grade unwahrscheinlich war und blieb. Man darf sagen, daß die Unterdrückung ebenso gewiß mißlungen wäre, wie es früh im 19. Jahrhundert den Karlsbader Beschlüssen mißlang, die Entwicklung des nationalen Gedankens, der jugendlichen Tendenzen gegen die Kleinstaaterei zu bannen; wie es im fünften Jahrzehnt mißlang, dem Ausbruch des Jahres 1848 vorzubeugen; wie es der Landratskammer, in Verbindung mit dem neuen Herrenhaus und einem geisteskranken Fürsten, mißlang, die Entwicklung des Liberalismus länger aufzuhalten. Von den vielen früheren ebenso vergeblichen Versuchen kurzsichtiger Regierungen, den Fortschritten natürlich begründeter und notwendiger Volksbewegungen Halt zu gebieten, dürfen wir schweigen: die Geschichte ist dicht erfüllt davon.

Namenverzeichnis.

GPSR Compliance

The European Union's (EU) General Product Safety Regulation (GPSR) is a set of rules that requires consumer products to be safe and our obligations to ensure this.

If you have any concerns about our products, you can contact us on ProductSafety@springernature.com

In case Publisher is established outside the EU, the EU authorized representative is:

Springer Nature Customer Service Center GmbH
Europaplatz 3
69115 Heidelberg, Germany

Batch number: 10844655

Printed by Printforce, the Netherlands